1. 2022年广西高等教育本科教学改革工程一般项目A类"基于'三创融合'的高校众创空间协同育人模式探索与实践——以广西师范大学大学为例"（编号：2022JGA128）

2. 2020年度中国高校创新创业教育改革研究基金项目"'新海丝'建设视角下支撑东盟留学生在华创新创业的教育生态体系构建研究"（编号：2020CCJG01Z007）

3. 2022年广西高等教育本科教学改革工程重点项目"数智时代大学生创新创业能力培养模式研究与实践"（编号：2022JGZ108）

4. 2022年广西新文科研究与实践项目"'四育融合 多元协同'师范院校新文科创新创业教育改革与实践"（编号：XWK2022008）

5. 中国高等教育学会2022年度高等教育科学研究规划重点课题"数智时代创新创业虚拟教研室建设和管理研究"

6. 广西教育科学"十四五"规划2022年度专项课题"边疆民族地区高校创新创业教育高质量发展路径研究"（编号：2022ZJY2383）

高校众创空间
创新力量的孵化器

黄娜娜 著

http://press.hust.edu.cn

中国·武汉

图书在版编目（CIP）数据

高校众创空间：创新力量的孵化器/黄娜娜著. —— 武汉：华中科技大学出版社，2024.1
ISBN 978-7-5772-0118-4

Ⅰ.①高… Ⅱ.①黄… Ⅲ.①高等学校－创业－研究－中国 Ⅳ.①G647.38

中国国家版本馆 CIP 数据核字 (2023) 第 215199 号

高校众创空间：创新力量的孵化器
GAOXIAO ZHONGCHUANG KONGJIAN：CHUANGXIN LILIANG DE FUHUAQI

黄娜娜 著

出版发行：	华中科技大学出版社（中国·武汉）	电话：（027）81321913	
地　　址：	武汉市东湖新技术开发区华工科技园	邮编：430223	
策划编辑：	张淑梅	封面设计：	河北优盛文化传播有限公司
责任编辑：	赵　萌	责任监印：	朱　玢

印　　刷：三河市华晨印务有限公司
开　　本：710 mm×1000 mm　1/16
印　　张：16.25
字　　数：229 千字
版　　次：2024 年 1 月第 1 版第 1 次印刷
定　　价：98.00 元

投稿邮箱：zhangsm@hustp.com
本书若有印装质量问题，请向出版社营销中心调换
全国免费服务热线：400-6679-118　竭诚为您服务
版权所有　侵权必究

前言

本书旨在深入研究高校众创空间的理论与实践，探讨高校众创空间在我国高等教育体系中的角色和价值，阐述它对学生创新能力培养和社会经济发展的重要贡献，梳理它的发展历程、发展现状、发展潜力和未来趋势，为它的持续优化和发展提供理论支持和实践指引。

在当今社会，创新是推动社会经济发展的重要力量。无论是科技创新、商业创新，还是社会创新，它们都在以独特的方式改变着人们的生活，驱动着社会的进步。教育，特别是高等教育，是培养创新人才的主要阵地。这是因为，高等教育以其深厚的学术积淀、广泛的知识领域和丰富的人才储备，为创新提供了良好的环境。高等教育的责任和使命，就是为国家和社会培养优秀的人才。因此，如何在高等教育中构建和优化创新创业教育体系，是我们需要深入研究的重要课题。我们需要深思熟虑，探索实施，以便更好地培养出具备创新精神和创业能力的人才，为社会的发展和进步做出更大的贡献。

本书第一章对众创空间的定义、分类、发展背景和发展历程进行了详细阐述，并深入分析了高校众创空间的功能和作用，以及价值和意义。

第二章从创业教育的角度，对我国创业教育的发展概况、特点、机遇和挑战进行了深入探讨，并通过分析一些优秀的典型案例，揭示了高校创业教育的成功经验。

第三章详细描述了高校众创空间的基本管理与运营模式，包括管理架构、职责分工、管理流程、评价体系，以及品牌的宣传与推广。这一部分的内容可以帮助读者理解高校众创空间的日常运营和管理实践。

第四章从五个方面提出了高校众创空间的优化路径，包括完善管理制度和服务体系、提供全方位创新创业服务、加强校方与产业的合作、引入前沿技术和理念，以及建立开放式创新创业环境。

第五章讲述了高校众创空间的创新发展，包括开创国际发展平台、优化产业协调机制，以及健全相关法规等方面的内容。

第六章深入探讨了高校众创空间专业人才培养的理论与实践，对高校众创空间专业人才培养的未来发展趋势、目标、路径，以及新模式与新技术进行了详细的描述和分析。

最后一章进行了总结与展望，旨在为读者提供一个全面、深入理解和思考众创空间的视角，以期为我国高校众创空间的发展提供一定的参考和启示。

希望本书能为广大教育工作者、研究者、学生和对高校众创空间感兴趣的读者提供有价值的信息和启示，同时也期待业界人士对本书批评指正，以便不断改进和完善。

目 录

第一章 概 述 — 1
- 第一节 众创空间的定义和分类 — 1
- 第二节 国内外高校众创空间的发展背景 — 9
- 第三节 国内外高校众创空间的发展历程 — 13
- 第四节 高校众创空间的功能和作用 — 18
- 第五节 高校众创空间的意义与价值 — 31

第二章 我国高校创业教育概况与分析 — 36
- 第一节 我国高校创业教育发展概况 — 36
- 第二节 我国高校创业教育特点分析 — 44
- 第三节 我国高校创业教育的机遇与挑战 — 49
- 第四节 我国高校创业教育的优秀典型案例 — 58

第三章 高校众创空间的基本管理与运营模式 — 69
- 第一节 高校众创空间的管理架构 — 69
- 第二节 高校众创空间的职责分工 — 82
- 第三节 高校众创空间的管理流程 — 100
- 第四节 高校众创空间的评价体系 — 112
- 第五节 创新品牌的宣传与推广 — 127

第四章　高校众创空间的优化路径　　140

第一节　完善管理制度和服务体系　　140

第二节　提供全方位创新创业服务　　152

第三节　加强校方与产业的合作　　160

第四节　引入前沿技术和理念　　163

第五节　建立开放式创新创业环境　　169

第五章　高校众创空间的创新发展　　179

第一节　开创高校众创空间国际发展平台　　179

第二节　优化高校众创空间产业协调机制　　185

第三节　健全高校众创空间知识产权相关法规　　194

第六章　高校众创空间专业人才培养理论与实践　　204

第一节　高校众创空间专业人才培养的未来发展趋势　　204

第二节　高校众创空间专业人才培养的目标　　211

第三节　高校众创空间专业人才培养的路径　　222

第四节　高校众创空间专业人才培养的新模式与新技术　　229

第七章　总结与展望　　237

第一节　总　　结　　237

第二节　展　　望　　244

参考文献　　249

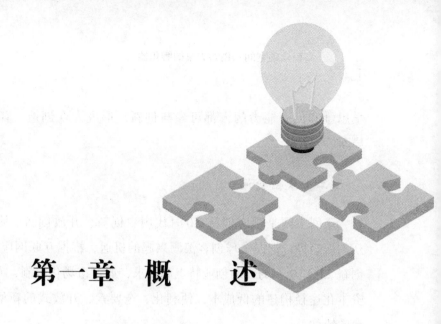

第一章 概 述

第一节 众创空间的定义和分类

一、众创空间的定义

众创空间,如同一座闪耀着创意和激情的宝库,汇集着创业者、创新者和追梦人,以共同塑造一个引领未来的创新生态。在数字化时代的影响下,众创空间凭借其敞开的门户,不仅是一个实体场所,更是一个跳动着创新脉搏的繁荣生态系统,为那些怀揣梦想的创业者提供了展翅飞翔的舞台。本书以"众创空间"作为研究对象和研究主体,探究新时代背景下我国高校如何实现众创时代的现代化发展与创新。在开始研究之前,我们有必要先对"众创"和"众创空间"进行初步界定。

(一)众创

《国务院关于加快构建大众创业万众创新支撑平台的指导意见》(国发〔2015〕53号)指出:"众创,汇众智搞创新,通过创业创新服务平台聚集全社会各类创新资源,大幅降低创业创新成本,使每一个具有科学思维和创新能力的人都可参与创新，形成大众创造、释放众智的新局面。"

（二）众创空间

众创空间是顺应创新2.0时代用户创新、开放创新、协同创新、大众创新趋势，把握全球创客浪潮兴起的机遇，根据互联网应用深入发展、创新2.0环境下的创新创业特点和需求，通过市场化机制、专业化服务和资本化途径构建的低成本、便利化、全要素、开放式的新型创业服务平台的统称。

发展众创空间要充分发挥社会力量的作用，有效利用国家自主创新示范区、国家高新区、科技企业孵化器、高校和科研院所的有利条件，着力发挥政策集成效应，实现创新与创业相结合、线上与线下相结合、孵化与投资相结合，为创业者提供良好的工作空间、网络空间、社交空间和资源共享空间。

二、众创空间的分类

众创空间形式多样，可以根据不同的划分标准，划分为不同的类别。以下部分分类方式仅为常见的分类方法（实际上众创空间的分类还可以根据不同的地域、行业、发展阶段等因素做进一步划分，此处不再赘述）。

（一）按照服务对象分类

按照服务对象分类，可以将众创空间划分为创业者型众创空间、学生型众创空间、社区型众创空间。

1. 创业者型众创空间

创业者型众创空间是专门为初创企业和创业者提供全方位创业支持和服务的空间。这种类型的众创空间旨在为创业者提供一个创新、合作和资源丰富的环境，帮助他们实现创业梦想。

（1）孵化服务。创业者型众创空间提供孵化服务，包括提供办公场地、基础设施、技术支持等，帮助创业团队启动和发展业务。

（2）加速器项目。创业者型众创空间通常与投资机构、行业导师等建立合作关系，为优秀的初创企业提供加速器项目，提供专业的指导和资源支持，帮助企业加快发展步伐。

（3）投资对接。创业者型众创空间连接创业者和投资机构，组织投资对接活动，为有潜力的项目寻找融资机会，帮助创业者获得资金支持。

（4）创业培训。创业者型众创空间提供创业相关的培训课程和讲座，涵盖市场营销、商业模式、团队管理等方面，帮助创业者提升创业技能和知识水平。

（5）导师指导。创业者型众创空间通常邀请经验丰富的导师和业界专家，为创业者提供指导和咨询，分享行业经验和实用技巧。

2. 学生型众创空间

学生型众创空间是专门为学生创业者提供支持和服务的空间。这种类型的众创空间致力于培养学生创业者的创业意识和创新能力，为他们提供实践机会和资源支持。

（1）创业指导。学生型众创空间提供专业的创业指导，包括商业计划书撰写、市场调研、团队建设等方面的支持，帮助学生创业者了解创业过程和技巧。

（2）培训课程。学生型众创空间开设创业相关的培训课程，如创新思维、创业管理、团队合作等，帮助学生创业者学习创业知识和提升创业技能。

（3）创业资源。学生型众创空间提供创业资源，包括办公场地、设备设施、市场推广渠道等，帮助学生创业者降低创业成本和风险。

（4）创业比赛和活动。学生型众创空间组织创业比赛和创业活动，为学生创业者提供展示和交流的平台，激发其创新创业的热情，并使创业者建立联系。

（5）导师支持。学生型众创空间邀请创业导师和创业成功者担任指导角色，提供专业意见和实践经验，引导学生创业者在创业过程中避免常见的错误。

3.社区型众创空间

社区型众创空间是面向社区居民和社会公众的创新创业空间。这种类型的众创空间致力于搭建社区共享资源和合作的平台，促进创意交流和社区发展。

（1）创意交流活动。社区型众创空间组织创意交流活动（如讲座、座谈会、创意沙龙等），为社区居民提供一个共享创意和经验的平台，促进思维创新和合作。

（2）共享资源。社区型众创空间提供共享的办公设施、工作空间、创意工具等，让社区居民可以共同使用和利用这些资源，降低创业成本和门槛。

（3）社区合作项目。社区型众创空间鼓励社区居民合作开展创业项目和社区服务项目，促进社区的经济发展和社会进步。

（4）社区支持网络。社区型众创空间建立社区创业者和相关资源供应商之间的支持网络，帮助创业者获取所需的支持和资源，推动社区创业环境的改善。

（5）社会责任项目。社区型众创空间积极参与社会责任项目，关注社区问题和需求，通过创新和创业的方式解决社会问题，提升社区的整体素质。

（二）按照功能定位分类

按照功能定位分类，可以将众创空间划分为创新型众创空间、文化创意型众创空间、社会创新型众创空间。

1.创新型众创空间

创新型众创空间专注于技术创新和产品研发，旨在提供一个创新驱动的环境，激发创业者的创造力和创新潜能。

（1）实验室设施。创新型众创空间配备先进的实验室设施，包括科学研究设备、原型制造设备、材料测试设备等，为创业者提供技术验证和产品开发的支持。

（2）技术导师支持。创新型众创空间聘请技术导师和专家团队，为创业者提供技术指导和咨询，帮助他们解决技术难题和推动产品创新。

（3）创新资源共享。创新型众创空间提供创新资源的共享平台，包括专利技术、研究成果、行业数据等，让创业者能够充分利用现有的创新资源进行产品开发和商业化。

（4）创新活动和竞赛。创新型众创空间组织创新活动和竞赛，如科技创新展览、创新项目评选等，为创业者提供展示和交流的机会，激发其创新创业的热情。

2. 文化创意型众创空间

文化创意型众创空间注重培育和支持文化创意产业，为艺术家、设计师和文化创意创业者提供创作、展示和商业化的平台。

（1）艺术工作室。文化创意型众创空间提供艺术家和设计师工作室，为创作和设计提供空间和设备支持，促进艺术和设计创新。

（2）创意展示空间。文化创意型众创空间提供展览场地，让艺术家和设计师有机会展示他们的作品，吸引观众和潜在合作伙伴的关注。

（3）文化创意培训。文化创意型众创空间开设文化创意培训课程和工作坊，提供专业知识和技能培训，帮助创业者提升创意产业的专业能力。

（4）艺术市场推广。文化创意型众创空间组织艺术市场推广活动，如艺术展销会、文化艺术节等，为创意产品和作品的商业化提供平台和机会。

3. 社会创新型众创空间

社会创新型众创空间专注于解决社会问题和推动社会创新，发展具有社会影响力的创业项目和社会企业。

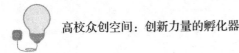

（1）社会企业孵化器。社会创新型众创空间设立社会企业孵化器，为社会创业者提供创业指导、资源支持和社会影响评估等服务，帮助他们实现从创意到实践的转化，推动社会创新项目的发展。

（2）社会创新实验室。社会创新型众创空间建立社会创新实验室，提供创新工具、方法和平台，鼓励创业者通过尝试和实验来寻找解决社会问题的创新解决方案。

（3）社会影响评估。社会创新型众创空间引入社会影响评估机制，帮助创业者评估其项目的社会效益和可持续性，从而增强项目的社会影响力和可行性。

（4）跨界合作与资源整合。社会创新型众创空间促进不同领域的跨界合作，整合社会资源，包括政府、企业、非营利组织等，形成社会创新的合力，共同解决社会问题。

（5）社会创新培训和咨询。社会创新型众创空间提供社会创新培训和咨询服务，帮助创业者掌握社会创新的理论知识和实践技能，提升他们在社会创新领域的能力和影响力。

（6）社区合作与共享经济。社会创新型众创空间促进社区居民和社会创业者之间的合作，共同解决社区问题，推动共享经济模式的发展，实现社会资源的高效利用。

（三）按照组织形式分类

按照组织形式分类，可以将众创空间划分为政府支持型众创空间、私营型众创空间、社会组织型众创空间。这三种类型的众创空间分别以不同的侧重点和目标为创业者提供支持和服务。无论是政府支持型、私营型还是社会组织型众创空间，它们都在推动创新创业、促进经济发展和社会变革方面发挥着重要的作用。

1. 政府支持型众创空间

政府支持型众创空间是由政府组织或政府支持的创业孵化器，旨在为创业者提供政策、资金等多方面的支持，促进创新创业的发展。这种类型的众创空间通常与政府相关部门或机构合作，共同打造创业生态系统。例如，政府支持型众创空间可以为创业者提供一站式的创业服务，包括提供创业资金补贴、免费办公场所、创业导师指导、政策咨询等。创业者可以在这个空间中与政府相关部门和专业人士互动，获得政府的政策支持和资金扶持，从而加速创业项目的发展。

（1）政策支持。政府支持型众创空间能够提供有关创业政策和法规的指导，帮助创业者了解政策环境，降低创业风险。例如，政府支持型众创空间可提供创业减免税政策、知识产权保护政策等信息。

（2）资金支持。政府支持型众创空间通常与政府资金机构合作，为创业者提供资金支持和融资渠道，包括提供创业补助金、风险投资基金、创业贷款等形式的资金支持。

（3）专业指导。政府支持型众创空间拥有专业的创业指导团队，为创业者提供商业计划书撰写、市场营销策略、运营管理等方面的指导和咨询服务。

（4）培训与活动。政府支持型众创空间举办创业培训、讲座和活动，帮助创业者提升技能和知识水平，拓展人脉和资源。

（5）人际网络。政府支持型众创空间通常有着广泛的政府和企业合作伙伴，为创业者提供良好的人际网络和合作机会，助力其创业项目的发展。

2.私营型众创空间

私营型众创空间是由私营企业或机构设立和运营的创业空间，其运营目标主要是商业化和利润。这种类型的众创空间注重商业模式的创新和可持续发展，为创业者提供以下支持。

（1）创业环境。私营型众创空间提供创新的工作环境和设施，如共享办公空间、会议室、创客空间等，为创业者提供良好的工作场所。

（2）创业资源。私营型众创空间通过建立合作网络，为创业者提供行业专家、投资人、企业导师等资源，帮助创业者获取项目所需的资源和支持。

（3）商业咨询。私营型众创空间提供商业咨询和指导，帮助创业者完善商业计划、市场营销策略、品牌建设等，增加项目的商业竞争力。

（4）创投对接。私营型众创空间通常与创投机构、商业银行等建立合作关系，为创业者提供融资对接、投资推介等服务，帮助他们实现项目的商业化发展。

3. 社会组织型众创空间

社会组织型众创空间由非营利组织、社会团体或社会企业设立，强调社会价值和社区合作。该类众创空间的目标是通过创新创业来解决社会问题和推动社会变革。

（1）社会问题解决。社会组织型众创空间关注社会问题，并致力于孵化和支持解决这些问题的创业项目。例如，关注环境保护的众创空间可以支持绿色科技创业项目。

（2）社区合作。社会组织型众创空间与社区居民和组织建立紧密合作关系，通过社区合作来推动社会创新和社会变革。例如，社会组织型众创空间会与社区团体合作开展社会项目，提供社会服务。

（3）社会影响评估。社会组织型众创空间注重社会影响评估，通过评估项目的社会效益和可持续性，促进社会创新项目的发展和扩展。

（4）社会创业培训。社会组织型众创空间提供社会创业培训和指导，帮助创业者了解社会创业的特点和挑战，提升社会创业能力。

（四）按照空间规模分类

按照空间规模分类，可以将众创空间划分为大型众创空间和中小型众创空间。无论是规模较大还是较小，众创空间的目标都是为创业者提供创新创业所需的支持、资源和环境，促进他们的成长和成功。

1. 大型众创空间

大型众创空间拥有广阔的场地和完善的设施，能容纳较多的创业团队和资源。这种类型的众创空间通常具备更多的资金和资源，提供更全面的支持和服务。例如，城市中所设立的大型众创空间占地面积甚至能够达到5 000平方米以上，并且拥有多个办公区、会议室、实验室等场地，配备先进的科技设备和工具，为创业者提供良好的工作环境和共享资源。

2. 中小型众创空间

中小型众创空间规模较小，适合小型创业团队或个人创业者使用。这种类型的众创空间通常更加灵活和紧凑，注重提供个性化的支持和服务。

第二节 国内外高校众创空间的发展背景

一、国外高校众创空间的发展背景

在当今快速变化的全球经济环境中，创新和创业能力被认为是国家和高等教育机构的重要竞争力。为了培养具备创新思维和创业意识的人才，许多国外高校纷纷关注创业教育，并建立了高校众创空间来支持学生的创新创业活动。这些高校众创空间不仅提供了创新的生态系统，也为学生提供了资源、导师和合作机会，帮助他们将创意转化为可行的商业项目。通过深入分析，我们可以得知国外高校众创空间的发展具有特定的历史背景，主要包括如下几个方面。

（一）创新与创业的重要性愈发凸显

国外高校众创空间的发展背景与创新和创业的重要性密不可分。它们为学生提供了一个创新的生态系统，培养学生的创新思维、创业意识

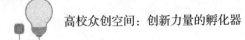

和实践能力,让学生能适应快速变化的经济环境,并为社会创造经济增长和社会价值。

这些高校众创空间旨在构建一个有利于创新和创业的生态系统,提供学生发展创新能力和提高创业技能所需的资源和支持。通过提供创业培训、导师指导、项目孵化等服务,高校众创空间帮助学生将他们的创意和创新想法转化为可行的商业项目。

高校众创空间通常提供灵活的工作空间、设备和技术资源,使学生能够进行实验和原型制作。这为学生提供了一个实践平台,让他们能够将理论知识应用于实际情境中,并在实践中不断改进和完善自己的创新产品或服务。高校众创空间还鼓励学生与其他创业者和导师进行合作和交流,促进知识共享和合作创新。

高校众创空间的目标之一是帮助学生培养创新思维。通过提供创新工具、方法和教育资源,高校众创空间鼓励学生从不同的角度思考问题,寻找创新的解决方案。这种创新思维的培养有助于学生发展解决问题的能力、发现新的商业机会,并在面对挑战时保持灵活性和创造力。

(二)技术进步和数字化革命为国外高校众创空间的发展提供支持

技术进步和数字化革命为国外高校众创空间的发展提供了重要的支持,促进了创新和创业活动的蓬勃发展。

随着越来越多创新技术的涌现,技术的快速发展为创新提供了广阔的领域和众多的机会。新兴技术领域(如人工智能、物联网、虚拟现实等)不断出现,这些领域中的创新应用可以改变现有产业和商业模式。国外高校众创空间通过为学生提供最新的技术设备和资源,促进他们在技术创新领域的探索和实践。

如今,数字化工具和平台蓬勃发展,这种数字化革命催生了一系列创新工具和在线平台,为创业者和创新者提供了更便利的资源和众多的合作机会。国外高校众创空间利用这些数字化工具和平台,为学生提供在线协作、项目管理、市场研究等功能,帮助他们更高效地进行创新创业活动。

在全球化合作与跨界创新的背景之下,地域和领域的障碍被逐渐缩小,不同国家不同领域之间的合作成为趋势。国外高校众创空间通过建立国际合作关系和跨学科交流,使学生能够与来自不同国家和拥有不同专业背景的创新者进行合作。例如,一些高校众创空间会组织国际创业项目或竞赛,邀请学生与来自其他国家的团队合作应对全球性挑战。这种全球化合作的机会促进了学生之间的文化交流和思维碰撞,激发了创新创业的新思路和新想法。

(三)学生群体创业热情高涨

近年来,越来越多的学生表现出对创业和创新的浓厚兴趣,学生创业热情的高涨成为国外高校众创空间发展的重要动力之一。具体来说,包含如下几个方面。

第一,创业文化在许多国家和高校中逐渐兴起,成为校园的一部分。社会对创业者的认可度提高,成功的创业案例和创业家的故事成为鼓舞学生的力量。这种创业文化的兴起为学生提供了更加积极的创业环境和氛围,激发了他们追求创新和创业的热情。

第二,全球经济形势的变化和就业市场的竞争压力使许多学生寻求创业的机会。面对日益激烈的就业竞争,一些学生选择创业作为实现自己职业发展和财务独立的途径。他们认识到,创业不仅可以为自己创造就业机会,还可以为社会带来创新和价值,这激发了他们的创业热情。

第三,科技的迅猛发展和创新的涌现引发了学生对创业的浓厚兴趣。新兴技术(如人工智能、区块链、生物科技等)引发了无限的想象和应用空间。许多学生具备对科技的敏感性和技术能力,他们渴望将自己的

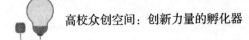

技术创新转化为商业机会,为社会带来改变。

第四,越来越多的高校开始重视创业教育,并在课程设置和实践活动中提供相关支持。创业课程、创业讲座、创业竞赛等活动成为校园中的常见元素。这些创业教育的推广为学生提供了机会去了解创业的基本知识、技能和实践经验,培养了他们的创业意识和能力。

二、国内高校众创空间的发展背景

高校众创空间是一个相对较新的概念,起源于全球范围内的创新和创业热潮。它是一种为创新者和创业者提供资源、服务及交流机会的开放空间。这种空间的出现,有助于推动社区创新,提升创业成功率,同时也能够培养和发展创新型人才。

在我国,高校众创空间的发展得到了国家政策的大力支持。2015年,国务院出台了关于"大众创业、万众创新"的指导意见,随后推出了一系列关于高校众创空间的指导意见和政策,这在很大程度上推动了高校众创空间在我国的发展。

在高校中,高校众创空间的建设与发展得到了强有力的推进。一方面,高校众创空间对于激发和培养学生的创新思维、创业精神具有重要作用,对于培养新一代的创新型人才十分有利。另一方面,高校本身具有丰富的知识资源、强大的科研能力和突出的人才优势,可以为高校众创空间提供良好的技术和人才支持。因此,高校众创空间在高校的建设与发展,被视为推动高校科研、创新、创业工作的重要手段。

近年来,随着科技的快速发展和数字化转型的深入,国内高校众创空间的发展将会进一步加速。这对于提升我国的创新能力和经济发展具有重要的推动作用。

第三节　国内外高校众创空间的发展历程

一、国外高校众创空间的发展历程

在全球化和创新经济的驱动下，国外高校众创空间的发展已经引起了广泛的关注。这些高校众创空间以其独特的形式和作用，成为高校和社区创新的关键支持平台。

从众创空间最初的概念形成，到现在全球各地的高校都设立了各自的众创空间，这一发展历程充满了各种挑战和机遇。在这个过程中，众创空间的功能和形式也在不断地演变和完善，以满足日益变化的需求和期望。

（一）美国众创空间的发展状况及运行特征

作为创客的诞生地和众创空间数量较多的国家，美国在创业创新领域取得了一些成就。下面将主要介绍美国 Fab Lab 众创空间的发展历程和运行特征。

Fab Lab 的创立灵感来源于麻省理工学院的课堂，它成立于 2001 年，是一家致力于实现创意现实转化的微型工厂。在这个平台上，创客可以通过各种创业创新设施、材料及学院科研人员的最新科研技术成果来助推创业创新实践活动。Fab Lab 运行的主要特征如下。

第一，倡导个人制造。在 Fab Lab 内，创客可以使用现有的材料、工具和仪器等来实现创意的现实制造，同时 Fab Lab 还积极鼓励创客自给自足，通过无限的创意不断扩充和丰富 Fab Lab 的各种基础设施，不断扩大 Fab Lab 的规模，从而吸引更多创客入驻。

第二，注重共享发展。Fab Lab 是一个开放性和互动性极强的社交圈，Fab Lab 的成员会定期通过视频会议等线上交流渠道实现创意交流、成果共享等，最大限度地实现资源的互置与共享。

（二）德国众创空间的发展状况及运行特征

世界上公认的第一家独立性众创空间——C-base，诞生于德国柏林。C-base 自从问世以来就积极促进了德国乃至全世界众创空间的发展。C-base 运行的主要特征如下。

第一，非营利性。C-base 自从 1995 年成立以来，它的联合创始人就一直将它定位为一家非营利性的创业创新机构，致力于为那些具有创业创新想法的群体提供一个多元开放的服务平台，以增强他们对互联网和计算机等新技术和新媒体的运用能力和操作技能，更好地服务于创意成果的现实孵化。

第二，独立性。C-base 之所以可以不断发展壮大，并且成功地和其他机构和团队进行跨媒体、跨地区的友好合作，一个重要原因就在于它是一个独立运行的机构，不受学校或者其他主体的干预和限制，可以充分发挥主动性和创造性，在自由、开放、独立的社会环境中聚集和整合各种有利于创业创新的优质资源，培育良好的创业创新生态氛围，最大限度地满足社会成员的创业创新活动需要。

（三）奥地利众创空间的发展状况及运行特征

奥地利也是创业创新基础雄厚和氛围浓郁的国家，2006 年诞生了奥地利第一家非营利性的众创空间——Metalab，其位于维也纳的高新技术社区，并且催生了众多互联网公司。Metalab 运行的主要特征如下。

第一，实行会员制。Metalab 的宗旨是为爱好技术创新者及各种创业者提供免费的实体和虚拟空间，实现创客信息的互换和思维的碰撞，对他们进行的各种活动与交流形式都不会进行任何干预，如此创客可以充分实现独立和自由的创业创新活动。创客一旦进入 Metalab 就成为会员，并且要缴纳一定的会费作为众创空间日常运行的基本经费。

第二，注重创业创新氛围的传播。Metalab 作为一个聚集多领域创客的信息交流平台，非常注重群体文化氛围的培育，借助移动互联网设备、新媒体及数字化平台等技术和工具举办各种创业创新项目或者文化节等活动，旨在表达创客对自身创业创新活动的高度热爱，并且吸引更多的人加入该行列之中，形成人人创业创新的良好生态局面。

二、国内高校众创空间的发展历程

我国高校众创空间的发展充分体现了国家对创新创业教育的高度重视和积极支持。它既是我国教育改革的重要成果，也是我国高校服务社会和产业发展的重要手段。我国高校众创空间的发展历程分为四个阶段。

（一）启蒙阶段（21世纪之前）

在21世纪之前的启蒙阶段，我国的高校创新创业教育初见端倪。在这一阶段，我国的高校对于创新创业教育的理解和实践主要是借鉴和引入国外的先进教育理念和实践经验。这一阶段的探索和实践虽然仍处于起步阶段，但是为我国高校众创空间的后续发展奠定了坚实的基础。

高校在这一阶段侧重于学习和引入国外的先进教育理念，特别是创新创业教育的理念。这些理念包括学生中心、实践导向、问题解决等，在我国的高校中得到了广泛的认可，为我国高校创新创业教育的深入发展提供了理论支持。一些有国际视野和前瞻性的高校开始积极引入"创客空间"的概念和模式，认识到创新创业教育不仅要有理论的教授，更要有实践的操作。因此，这些高校在校内设立了创客空间，提供了一个自由、开放的创新环境，为学生创新创业提供了实践的平台。这些高校还通过一系列创新创业教育活动（如创新创业竞赛、创新创业讲座等），进一步激发学生的创新精神和创业能力，使学生有了更多的机会去接触创新创业，也使他们有了更多的机会去实践创新创业。

总的来说，21世纪之前的启蒙阶段，我国的高校创新创业教育在学习和引入国外的先进教育理念和实践经验的基础上，进行了积极的探

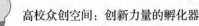

索和尝试。虽然在这个阶段，我国的高校众创空间还未全面展开，但是这个阶段的探索和实践为我国高校众创空间的后续发展奠定了坚实的基础。

(二) 探索阶段 (2000 年—2010 年)

2000 年至 2010 年这一时期被视为我国高校众创空间发展的探索阶段。在这一阶段，我国高校开始更加自主地探索和实践创新创业教育，致力于培养学生的创新创业素质和能力，同时"众创空间"这一概念在我国的一些前瞻性高校中得到了初步的认可和尝试。

在这个阶段，教育的核心观念发生了重大转变，从传统的以教师为中心、重视知识传授的教育模式，转变为以学生为中心、强调实践与创新的教育模式。这种转变推动了高校对创新创业教育的认识深化，进一步确立了创新创业教育在我国高等教育中的重要地位。为了更好地进行创新创业教育，许多高校开始对教学内容和教学方法进行深入的改革。例如，一些高校开始引入和开发创新创业相关的课程（如创新创业理论课程、创新创业实践课程等），这些课程旨在提升学生的创新创业理论知识水平和实践能力。与此同时，一些高校还在校内设立了创新创业实验室、创客空间等，为学生提供了一个实践创新创业的平台。在这些平台上，学生可以自由地探索和实践创新创业，实现他们的创新创业理念。在这个阶段，众创空间作为一种创新创业教育的重要载体，开始在一些高校中出现。这些高校利用众创空间的优势（如开放、自由、协作等），大力推动学生的创新创业活动，取得了一些初步的成效。

综合来看，2000 年至 2010 年的探索阶段，我国高校众创空间发展走上了自主探索和实践的道路。尽管在这个阶段，众创空间的发展还处于初级阶段，但是这个阶段的探索和实践为我国高校众创空间的后续发展提供了宝贵的经验和启示。

第一章 概 述

(三)发展阶段(2011年—2015年)

在 2011 年至 2015 年,我国高校众创空间进入了快速发展阶段。这个阶段的特征是高校众创空间在全国范围内得到了普及和推广,众创空间的概念、功能和价值在我国的高等教育领域得到了广泛的认可。

这一阶段的发展得益于国家对创新创业教育的大力推动和政策支持。随着国家创新驱动发展战略的实施和"大众创业,万众创新"的提出,我国的高等教育开始全面地向创新创业教育转型。众创空间作为创新创业教育的重要载体和平台,得到了国家和社会的大力支持。许多高校在这个阶段开始建立自己的众创空间,通过众创空间,尝试构建一个以学生为主体、教师参与、企业合作的创新创业实践平台。在这个平台上,学生可以自由发挥创新思维,尝试创新实践,体验创业过程,学习创业知识,提升创业能力。同时,高校也在实践中形成了一些初步的众创空间运营和管理经验,为后续的众创空间发展提供了参考和借鉴。国家和地方政府也在这个阶段出台了一系列的政策支持高校众创空间的发展。例如,国家设立了创新创业基金,用于支持高校众创空间的建设和运营;地方政府也出台了一些创新创业优惠政策,如提供税收优惠、减免租金、提供创新创业服务等。这些政策的出台,极大地提升了高校众创空间的发展活力和潜力。

总的来说,2011 年至 2015 年是我国高校众创空间快速发展的阶段,众创空间在这个阶段在全国范围内得到了普及和推广,也形成了一些初步的经验和模式,为我国高校众创空间的进一步发展奠定了坚实的基础。

(四)繁荣阶段(2016年至今)

自 2016 年以来,我国的高校众创空间进入了繁荣发展阶段。这一阶段以高校众创空间深度融入创新创业教育,与社会产业紧密结合,为学生提供全面的学习资源和实践机会为特征。

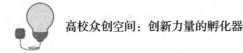

在这一阶段，众创空间已经成为我国创新创业教育的重要组成部分，从中心地位上体现了创新创业教育在我国高等教育中的重要地位。高校众创空间在教育模式、学习环境、学生实践、科技成果转化等方面的作用得到了进一步的强化和提升。这些空间不仅提供了一个开放、自由的创新环境，也为学生提供了丰富的学习资源和实践机会。在这一阶段，众创空间开始以更加开放和灵活的方式运行，与传统的教学空间相比，众创空间更加强调自主学习和团队协作，更加倡导实践创新和挑战尝试。在这种环境下，学生能够更加自由地发展自己的兴趣和能力，更加深入地理解和应用所学知识。同时，众创空间提供了丰富的学习资源和实践机会，这些资源和机会包括各种硬件设施、软件平台、项目资金、导师指导、创业赛事等。学生可以通过这些资源和机会，获取新知识，掌握新技能，锻炼创新能力，提升创业素养。

高校众创空间在这个阶段也与社会产业产生了更加紧密的结合。通过与企业和科研机构的合作，众创空间为学生提供了大量的创新项目和实践机会。这种合作不仅能够让学生接触到真实的工作环境，了解行业动态，还能够推动学校科研成果的转化和推广，增强高校的社会服务能力。

综上所述，在这个阶段，高校众创空间成为我国创新创业教育的重要组成部分，为学生提供了全面的学习资源和实践机会，同时也与社会产业形成了紧密的联系。预计在未来，随着我国创新创业教育的深入推进，高校众创空间将会在培养创新创业人才、推动科技创新、服务社会产业发展等方面发挥更加重要的作用。

第四节 高校众创空间的功能和作用

一、培养创新创业人才

在当前的社会和经济环境中，创新创业能力的培养已经成为高等教育的一项重要任务。尤其在我国,随着"大众创业,万众创新"政策的推出,创新创业教育在高校得到了空前的重视。而高校众创空间就是在这样的背景下应运而生的,它以其独特的机制和功能,已经成为培养创新创业人才的重要场所。

高校众创空间以学生为主体,以创新创业实践活动为载体,提供学生实践创新创业的空间和平台。众创空间的存在可以弥补传统课堂教学在创新创业教育方面的不足,它通过提供创新创业的实践机会,使学生在实践中学习和锻炼创新创业的技能,提升学生的创新创业能力,从而培养大量优秀的创新创业人才。

(一)高校众创空间提供了一个开放的创新创业环境

高校众创空间的首要功能就是提供一种开放的创新创业环境。这种环境为参与者(主要是学生)提供了一个自由发挥创新思维的场所。在这里,学生可以根据自己的想法和兴趣,无拘无束地探索、尝试和实践。他们可以尝试实现大胆的理想,挑战常规的思维,研究复杂的问题,设计创新的解决方案,创造未来的产品或服务。这样的环境不仅培养了学生的独立思考和问题解决能力,也提高了他们的创新能力和创业意识。

高校众创空间的开放环境为学生提供了一个交流和学习的平台。在这个平台上,学生可以与其他创新者、创业者、导师、专家及行业代表进行交流和合作。他们可以分享自己的想法和经验,学习他人的知识和技能,从而不断地增长见识和开阔视野。这样的交流和学习不仅提高了学生的知识和技能,也丰富了他们的社会网络,扩大了他们的世界观,增强了他们的信心和决心。

高校众创空间的开放环境还有助于激发学生的创新精神。在这个环境中,学生被鼓励挑战传统,尝试新的方法,接受失败,坚持到底,从而培养对创新和创业的兴趣。这样的精神不仅是推动社会进步的重要动力,也是个人成功的关键因素。有了这样的精神,学生可以更加自信地面对未来的挑战和机遇,更好地服务社会和国家。

高校众创空间的开放环境同样也培养了学生的团队合作精神。在这个环境中,学生必须学会与其他人合作,共享资源,解决冲突,达成共识,实现目标。这样的团队合作精神不仅有利于提高项目的效率和质量,也有助于提高个人的沟通和协调能力,从而提高学生的就业竞争力和社会适应性。

高校众创空间的开放环境还培养了学生解决实际问题的能力。在这个环境中,学生被鼓励将自己的想法和解决方案应用于实际问题的解决,如环保问题、社会问题、经济问题等。这样的应用不仅能让学生真实地体验到创新和创业的过程和结果,也能让他们更深入地理解和关心社会和国家的发展。有了这样的能力,学生可以更有效地将自己的知识和技能转化为社会和国家的发展动力。

(二)高校众创空间提供了丰富的创新创业资源

高校众创空间为学生提供了丰富的创新创业资源,这些资源构成了创新创业活动的重要基础。

这些资源包括各种创新创业的工具和设备。这些工具和设备可能涵盖多个领域,包括软件开发工具、硬件设备、生物科技实验设备,甚至还包括先进的人工智能和虚拟现实设备。学生可以利用这些工具和设备实现他们的创新想法,开发他们的创新产品,验证他们的创新解决方案。这些工具和设备的提供,极大地降低了学生实践创新的难度和门槛,提高了他们实现创新的可能性和效率。

这些资源还包括与创新创业相关的知识和技能的学习资源。这些学习资源可能来自各种渠道,如专业课程、在线教育、讲座、工作坊、导师指导、企业合作等。这些学习资源的提供,不仅丰富了学生的知识储备,提高了他们的技能水平,也开阔了他们的视野,激发了他们的热情,增强了他们的信心。

这些资源还能够降低学生创新创业的成本和风险。有了这些资源的支持，学生可以更轻松地获取和使用创新创业所需要的资源，可以更有效地控制和管理创新创业的成本，可以更妥善地应对创新创业的风险。这种降低成本和风险的效果，极大地提高了学生进行创新创业的积极性和主动性，提高了他们进行创新创业的成功率。

（三）高校众创空间为学生提供了与企业和社会的连接

高校众创空间通过提供与企业和社会的连接，架起了校园与社会之间的桥梁，形成了一个全面的、多维度的创新生态系统。在这个系统中，学生、教师、企业和社会组织可以自由地交流、合作、创新。

高校众创空间会邀请企业和社会的创新创业导师来进行指导。这些导师可能是成功的企业家、优秀的管理者、知名的专家或者富有经验的创新者。他们将自己的知识、经验、观点和网络带入高校众创空间，指导学生如何进行创新创业，分享他们在实践中的心得和经验，为学生解答在创新创业过程中出现的困惑和难题。这样的指导对于学生来说是非常宝贵的资源，学生可以从中学到很多在课堂上学不到的知识和技能，可以更真实地理解和感受创新创业的过程和挑战，可以更清晰地规划和执行自己的创新创业计划。

高校众创空间也会举办各种创新创业活动，如创新大赛、创业营、产品展示、路演、网络研讨会等。这些活动为学生提供了一个展示自己的平台，让他们的创新成果得到社会的认可和支持。这些活动也让学生有机会与企业和社会进行对接，甚至寻找他们的合作和投资。这些对接和交流为学生的创新创业提供了更多的可能性和机会，使他们的创新成果更有可能转化为实际的产品和服务，对社会产生更大的影响。

总的来说，高校众创空间通过提供与企业和社会的连接，让学生能够更好地了解社会和企业的需求，利用丰富的社会资源，提高创新创业能力，提高创新创业成功率，从而更好地服务于社会和国家的发展。这

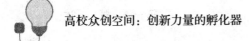

种连接也为社会和企业提供了一个获取新知识、新技术、新产品、新服务、新人才的渠道,促进了社会和企业的创新和发展。

(四)高校众创空间提供了对失败的容忍和鼓励

高校众创空间充分理解和尊重创新创业的本质。创新创业是一个充满不确定性和风险的过程,失败是难以避免的,也是极其宝贵的学习资源。因此,高校众创空间为学生提供了一个能够安全尝试和失败并从中学习和成长的环境。

高校众创空间通过提供安全的实践环境,降低了学生尝试和失败的代价。学生在这个环境中可以自由地尝试他们的想法,试验他们的方案,开展他们的项目,不必担心失败带来的无法承受的损失或者后果。这种安全的环境鼓励了学生们积极尝试,敢于挑战,不怕失败,从而培养了他们的创新精神和勇于接受挑战的精神。

高校众创空间通过容忍和鼓励失败,提升了学生从失败中学习和成长的能力。高校众创空间会对学生的失败给予理解和支持,会把失败作为学习的机会,而不会指责和惩罚。这种容忍和鼓励的态度使学生可以在失败中找到自己的不足,反思自己的错误,修正自己的策略,提升自己的能力。这样的学习和成长,无疑是非常宝贵的,它可以使学生在面对未来的创新创业挑战时,有更强的抗压能力、更高的适应性和更好的表现。

高校众创空间还通过分享和讨论失败推动了学生的共同学习和进步。在高校众创空间中,学生可以分享他们创新创业失败经历,讨论他们的失败原因,共同寻找解决方案。这样的分享和讨论,不仅可以帮助他们深入理解和分析失败,也可以帮助他们建立共享知识和经验的文化,增强他们的团队合作精神,促使他们共同学习和进步。

综上所述,高校众创空间通过提供开放的创新创业环境、丰富的创新创业资源、与企业和社会的连接,以及对失败的容忍和鼓励,为学生提供了实践创新创业的机会,从而有效地培养了他们的创新创业能力。

因此，高校众创空间是培养创新创业人才的重要场所，对于推动我国的创新创业教育有着重要的作用。

二、促进科技成果转化

科技成果转化是高校发展的重要任务之一，也是推动国家和地方经济发展的重要途径。高校众创空间作为高校内部的一个开放创新平台，已经成为促进科技成果转化的重要载体，它可以构建起学校内部的创新链条，打通科研成果市场化、产业化的路径，为社会提供更多创新型产品和服务。高校众创空间在促进科技成果转化上的作用主要表现在以下几个方面。

（一）高校众创空间提供了科技成果转化所需的资源和环境

高校众创空间通过提供必要的硬件和软件资源，为科技成果的转化创造了理想的条件。这些条件使学生、教师和研究员能够更加有效地将他们的科研成果转化为实际的产品和服务，对社会产生更大的影响。

具体来说，硬件资源的提供是科技成果转化的重要基础。高校众创空间配备了各种科研设备、实验平台和工作空间，这些硬件资源不仅涵盖了传统的实验设备和工具，也包括高科技设备和工具，如生物科技实验设备、大数据分析平台、3D 打印机、人工智能开发工具等。这些硬件资源为科技成果的转化提供了丰富的物质条件，使科研人员能够在优越的环境下进行实验和研究，高效地实现他们的想法和方案，有效地验证他们的理论和技术。软件资源的提供是科技成果转化的关键支撑。高校众创空间提供了与创新创业相关的知识和技能的学习资源，如专业课程、在线教育、讲座、工作坊等。这些学习资源可以帮助科研人员获取创新创业的基本知识，掌握创新创业的关键技能，理解创新创业的实际经验，领悟创新创业的深层理念。高校众创空间还邀请了各行业的创新创业导师，他们可以为科研人员提供专业的指导和咨询，帮助他们解决转化过

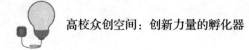

程中遇到的问题，可以促使他们的科技成果更好地与市场和社会的需求对接。

高校众创空间通过提供开放和合作的创新创业环境，推动了科技成果的转化。在高校众创空间中，科研人员可以与其他科研人员、学生、教师、企业家、投资人等参与者进行交流和合作，获取他们的反馈和建议，利用他们的资源和网络形成合作伙伴和团队。这种开放和合作的环境大大提高了科技成果转化的效率和成功率，同时也增加了科技成果转化的影响力和价值。

总的来说，高校众创空间通过提供硬件资源、软件资源和开放合作的创新创业环境，为科技成果转化提供了必要的支持。这些支持不仅帮助科研人员实现他们的科技成果转化，也推动了科技进步和社会发展，体现了高校众创空间的重要价值和功能。

（二）高校众创空间构建了科技成果转化的社群和网络

高校众创空间具有构建科技成果转化的社群和网络的能力，这种能力使高校众创空间成为科技创新和创业活动的繁荣交会点，吸引和集聚了来自各方面的创新创业主体，包括充满热情的学生、具有深厚专业知识的教师、经验丰富的企业家和富有投资眼光的投资人。这种交会和集聚形成了一个开放、活跃、多元的创新创业社群，为科技成果转化提供了丰富的资源和众多的机会。

这个社群为科技成果转化提供了多元化的技术资源。学生、教师、企业家等创新创业主体可以在高校众创空间中分享他们的技术成果、研究成果和创新理念，这种分享可以推动技术的交流和传播，也可以刺激创新的碰撞和融合。这个社群也可以为科技成果转化提供技术合作的机会，科研人员可以在这个社群中寻找到他们的合作伙伴，一起解决技术问题，完成项目任务，推进科技进步。

这个社群为科技成果转化提供了丰富的资本资源。投资人作为创新创业的重要支持者，他们在高校众创空间中可以寻找到他们的投资目标，提供资本支持，也可以提供经济咨询。这种资本支持和经济咨询可以帮助科研人员克服科技成果转化过程中出现的资金难题，提高科技成果转化的成功率。

这个社群为科技成果转化提供了宝贵的市场资源。企业家作为市场的熟悉者和引领者，他们在高校众创空间中可以提供市场需求的信息、市场战略的建议以及销售网络的支持。这种市场信息、建议和支持可以帮助科研人员更好地理解市场，定位他们的科技成果，实现科技成果的商业价值。

（三）高校众创空间实现了与企业和社会的紧密合作

高校众创空间通过与企业和社会的紧密合作，不仅将高校的创新活动与社会和市场的实际需求紧密联系在一起，也大大提高了科技成果转化的针对性和实用性。

这种与企业和社会的紧密合作和联系，使高校众创空间能够了解到社会和市场的最新需求，预测未来的发展趋势，并针对这些需求和趋势进行科研和创新活动，从而使科技成果更加符合市场需求，提高科技成果转化的成功率。

高校众创空间经常会邀请企业和社会的创新创业导师来进行指导。这些导师具有丰富的行业经验和市场洞察力，他们的指导可以帮助科研人员理解市场的需求、行业的发展和企业的运营，从而使科技成果更加符合市场和行业的需求，更有可能被市场和企业接受。这些导师也可以为科研人员提供关于商业模式、市场策略、团队管理等方面的专业知识和经验，帮助他们将科技成果成功地转化为商业成果。

高校众创空间也会与企业和社会进行各种形式的合作。例如，通过共同研发，科研人员可以与企业的研发团队一起解决实际问题，探索新的技术和产品，这种合作可以提高科技成果的实用性，也可以提高科技成果市场化的可能性;通过技术转让,科研人员可以将他们的科技成果转让给企业,由企业负责将这些科技成果进一步开发和商业化,这种合作可以加快科技成果的转化速度,也可以提高科技成果的转化效率;通过成果孵化,科研人员可以在企业和社会的支持下,将他们的科技成果孵化成为初创公司,这种合作可以帮助科研人员实现他们的创业梦想,也可以创造更多的就业和税收。

(四)高校众创空间提供了创新创业的文化和氛围

高校众创空间的一个重要特色就是其提供的创新创业的文化和氛围。这种文化和氛围具有多重意义,既包括对创新创业活动的鼓励和支持,也包括对科技成果转化过程中遇到的困难和挑战的理解和接纳,还包括对科研人员的尊重和信任。这种文化和氛围使高校众创空间成为科研人员进行创新创业活动的理想场所,激发了他们的创新热情,推动了科技成果转化的实施。

高校众创空间鼓励和支持科研人员进行创新创业。这种鼓励和支持体现在两个方面。第一,高校众创空间提供了必要的硬件和软件资源,如科研设备、实验空间、创业导师等,帮助科研人员解决创新创业过程中遇到的各种实际问题。第二,高校众创空间也为科研人员提供了诸多创新创业的机会和平台,如创新竞赛、创业大赛等,帮助他们展示和宣传自己的创新成果,吸引投资和合作。

高校众创空间理解和接纳科技成果转化过程中遇到的困难和挑战。科技成果的转化是一个充满挑战的过程,科研人员在这个过程中可能会遇到各种困难和挫折。因此,高校众创空间为科研人员提供了一个充满包容和理解的环境,让他们能够在失败和挫折中学习和成长,而不是被否定和排斥。这种理解和接纳为科研人员提供了一种心理支持,帮助他们克服困难,坚持创新。

高校众创空间尊重和信任科研人员。科研人员是创新的源泉和驱动力,他们的知识、技能、热情和创意是推动科技进步和社会进步的重要力量。因此,高校众创空间尊重科研人员的每一个创新想法,信任他们的每一个创新行动,赋予他们自主创新的权利和自由。这种尊重和信任使科研人员在高校众创空间中能够充分地展现他们的才能,发挥他们的潜力,实现他们的价值。

总的来说,高校众创空间通过提供科技成果转化所需的资源和环境、构建科技成果转化的社群和网络、与企业和社会紧密合作,以及提供创新创业的文化和氛围,为科技成果转化提供了有力的支持。因此,高校众创空间在促进科技成果转化,推动国家和地方经济发展上具有重要的作用。

三、深入开展校企合作

高校众创空间作为一种创新创业的开放平台,将高校的教育资源、科技资源与企业的创新需求、市场资源进行有效的对接,促进了校企之间的深入合作。这种合作不仅可以促进科技成果的转化和应用,也可以提升学生的实践能力和就业竞争力。

(一)高校众创空间打破了校企之间的传统壁垒

高校众创空间作为一种蓬勃兴起的创新实践平台,以其卓越的开放性理念,成功地打破了校企之间的传统壁垒。它的开放性不仅是物理空间的开放,更是一种理念的开放,是对各种创新资源、人才和技术的无障碍流动的开放。例如,企业可以在高校众创空间中设立实习基地,提供学生实践机会,同时这也为企业创新带来新的视角和可能。

高校众创空间内的科研设施和技术服务为企业解决技术难题提供了支持,帮助企业完成从研发到市场的转变,实现科技成果的产业化。这种双向互动、互利共赢的模式,更好地推动了高校的科研成果转化,也让企业更加深入地参与到高校的教育和科研活动中来。

（二）高校众创空间中的活动推动了校企交流和对接

高校众创空间通过一系列活动，架设起了校企间的桥梁，增进了双方的理解和合作。一方面，创新大赛、研讨会、讲座等活动，不仅让学生了解到企业的需求，也使企业了解到高校的研究成果和教学成果。这种互动形式能有效地推动学生理解和接触实际产业问题，有助于学生的创新创业能力的提升。另一方面，企业可以在这些活动中发现符合其发展需求的学生创新项目，提供资金或者技术支持，实现技术成果的转化，这对于企业的发展也是极大的助力。

（三）高校众创空间为校企合作提供了资源和服务

高校众创空间以一种创新的方式为校企合作提供了实质性的支持。它为企业提供了一系列有价值的资源和服务（如共享工作空间、实验设备、技术咨询、人才培训等），这些都能降低企业参与创新创业的成本和风险。此外，高校众创空间内的高效网络资源和丰富的创新项目库，为校企合作提供了广阔的选择空间。这样的优势，使高校众创空间在推动校企合作、促进科技成果转化的过程中，发挥了积极和重要的作用。

（四）高校众创空间推动了校企合作的创新文化和氛围

高校众创空间的独特之处在于，它创造了一种对创新和创业充满热情和鼓励的文化和氛围。这种氛围使师生和企业员工都愿意积极参与到创新创业的活动中来。

高校众创空间也是理念交流和文化碰撞的场所，其中的交流和学习，也成为推动校企合作深入发展的动力。创新的种子在这样的土壤中生长，不断吸收新的营养，最终形成可以转化为实际生产力的创新成果，推动社会的进步和发展。

总的来说，高校众创空间以其开放性、活动丰富、资源丰富和创新文化的特点，已经成为推动校企合作的重要平台。在这个平台上，校企双方得以充分发挥各自优势和实现优势互补，从而推动科技成果转化，推动教育创新发展，助力社会经济发展。

四、推动创新文化传播

高校众创空间不仅是科技创新和创业活动的发源地，更是创新文化的传播中心。它把创新理念、创新思维、创新方法和创新精神等融入日常的教学、研究和实践活动中，从而形成了独特的创新文化。这种文化在高校众创空间内得到弘扬，同时也向外界进行传播，对于提升高校的整体创新能力和推动社会的创新发展具有重要的作用。

（一）培养创新创业人才

高校众创空间致力于激发和培养学生的创新思维和创业能力，以实践为导向的教育模式，融入课程设计、项目研发、创业竞赛等多元的学习方式，全面提升学生的创新意识和实践能力。例如，以项目为导向的课程设置，可以让学生在实践中学习和理解创新理念和方法。

高校众创空间也定期开展创业辅导，引导学生将学术研究和创新思维转化为实际的创业行动。当这些学生走出高校众创空间，进入社会时，他们不仅将具备创新思维和创业能力，还会将在高校众创空间中获得的创新理念和精神传播给更多的人。通过这样的方式，高校众创空间在为社会输送大量的创新创业人才的同时，也在社会中播撒了创新的种子。

（二）举办创新活动

高校众创空间是创新创业的沃土，定期举办的各种创新活动，使创新的理念、方法和精神能够在更广泛的范围内传播。例如，创新大赛是高校众创空间的常规活动之一，它鼓励学生把创新的理念应用到实际项目中，从而将理论知识转化为实践能力。

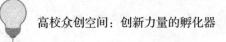
高校众创空间：创新力量的孵化器

创新讲座和研讨会也是传播创新文化的重要途径，它们通过引进一线的创新创业人士，分享创新经验和方法，从而使学生和教师能够接触到新的创新理念，提高创新能力。这些活动的举办，不仅增强了高校众创空间的创新氛围，也将创新的热潮扩散到了校园以外，向社会展示了高校的创新能力和成果。

（三）与外部机构合作

高校众创空间并非孤立存在，它积极与企业、政府、社区及其他高校众创空间建立合作关系。这种合作关系的形成，进一步扩大了创新文化的传播范围。高校众创空间的开放性和合作性，使各方能够共享创新资源，共同推动创新项目。

这种合作模式不仅可以有效地利用资源，促进科技成果转化，还可以使创新文化得到更广泛的认同和支持。例如，当高校众创空间和企业合作时，企业不仅可以借此了解和引入新的科研成果，也可以将企业文化和企业需求传递给学生，使学生在学术研究的同时，更能符合社会需求。

（四）营造创新环境和氛围

高校众创空间的物理空间和精神环境，都是传播创新文化的重要载体。开放性的设计，鼓励学生自由交流和合作，激发创新思维；多元化的氛围，尊重并鼓励各种创新理念和创新形式，培养了学生的创新意识和创新勇气；交互性的环境，使学生能够与教师、企业、社区及其他学生进行深入的交流和合作，从而使创新文化得到广泛的传播和深入的理解。

总的来说，高校众创空间以其特有的方式和功能，成了创新文化的重要传播者。无论是培养创新人才、举办创新活动，还是与外部机构合作、营造创新的环境和氛围，高校众创空间都在努力推动创新文化的传播，为社会的创新发展贡献重要的力量。

第五节　高校众创空间的意义与价值

一、高校众创空间的教育意义

高校众创空间具有深远而广泛的教育意义，主要体现在以下方面。

（一）有利于实践教育发展

高校众创空间作为一个强调实践性和创新性的教育平台，为实践教育提供了重要的支持。它通过提供各种实践机会和实践资源，使学生能够在实践中学习和成长，提高他们的实践能力和实践素养。

高校众创空间的开放性和多元性，使学生可以自主发起和参与各种创新创业项目，这些项目可以是科技研发，也可以是社会创新，可以是个人发起，也可以是团队协作。这些项目不仅涉及各种知识和技能的应用（如科学技术、设计艺术、社会研究等），也涉及各种能力的运用（如问题分析、方案设计、项目管理等）。在这些项目中，学生可以亲身体验创新创业的过程，感受创新创业的挑战和乐趣，从而提高自己的实践能力。

高校众创空间资源的丰富性和共享性，使学生可以使用各种实验设备，获取各种技术指导，获得各种资金支持。这些资源可以帮助学生克服实践的困难和降低风险，提高实践的效率和效果。例如，学生可以使用高校众创空间的 3D 打印机，制作出他们的创新设计；学生可以得到高校众创空间的技术导师的指导，解决他们的技术问题；学生可以申请高校众创空间的创新基金，支持他们的创新项目。这些资源的提供，使学生的实践活动更加顺利，从而提高他们的实践素养。

高校众创空间的评价机制，使学生可以得到关于他们实践活动的反馈和评价。这种反馈和评价可以帮助学生了解他们的优点和不足，明白他们的进步和面临的挑战，促使他们对实践活动进行反思和改进。例如，

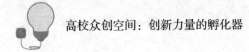
高校众创空间：创新力量的孵化器

学生的创新项目可以得到导师的评价，也可以得到同学的评价，甚至可以得到市场的评价；学生的创新成果可以得到专业的认可，也可以得到公众的认可。这种反馈和评价，使学生的实践活动不仅是个体的努力，也是社会的互动，不仅是过程的体验，也是结果的展示，从而提高学生的实践能力和实践素养。

（二）有利于创新人才发展

高校众创空间作为新时代的教育创新平台，其核心任务就是培养具有创新精神和创业能力的人才。在高校众创空间里，学生可以接触到前沿的科技知识，学习创新创业的理念和技能，更重要的是，他们可以在实践中尝试自己的创新创业理念，培养自己的创新精神和创业能力。

高校众创空间以其自由开放的学习环境，为学生的独立思考能力和解决问题的能力的培养打下了坚实的基础。在这个环境中，学生可以自由地探索和学习，没有固定的教学模式，没有传统的课程框架，他们可以挑战自己的极限，发挥自己的创新思维。这种环境强调自主学习，鼓励独立思考，注重解决问题的过程，这些都有助于培养学生的独立思考能力和解决问题的能力。这种环境也激发了学生的创新热情，挖掘了他们的创新潜力，使他们愿意并能够创新。

高校众创空间通过举办各种创新创业活动，为学生的创新意识和创新能力的提升提供了重要的机会。这些活动包括创新大赛、讲座、研讨会等，它们提供了一个平台，让学生可以展示自己的创新成果，交流自己的创新经验，学习新的创新知识。这些活动旨在增强学生的创新意识，强化他们的创新能力，使他们能够把学到的知识转化为创新的实践。同时，这些活动也帮助学生建立起创新创业的人脉网络，为他们未来的创新创业道路打下坚实的基础。

高校众创空间通过提供一系列创新创业服务，为学生的创新创业素养的提升做出了重要的贡献。这些服务包括创业咨询、创业培训、创业融资等，能够帮助学生将自己的创新创业理念转化为实际的创新创业项目。这些服务通过提供专业的知识和技能，为学生的创业成功提供了支持。这些服务也让学生在创业过程中收获了宝贵的实践经验，提升了自己的创新创业素养。

（三）有利于学生全面发展

从常规的视角来看，高校众创空间是一种新兴的教育形式，其主要目标是通过提供创新环境和资源，培养学生的创新和创业能力。然而，高校众创空间的教育意义远不止于此。它还通过提供跨学科的学习和实践机会、弘扬创新文化和创客精神、提供社会服务和公益项目等方式，培养学生的综合思维能力、人文素养和社会责任感。这些素养和能力对于学生的个人发展和职业发展都具有重要的意义。

高校众创空间通过提供跨学科的学习和实践机会，培养学生的综合思维能力。在高校众创空间中，学生可以接触到不同领域的知识和问题，他们需要运用自己的知识和技能，从不同的角度分析问题，寻找解决方案。这种跨学科的学习和实践，不仅能够提高学生的知识水平和技能水平，而且能够培养他们的综合思维能力，使他们能够从多角度理解和解决问题。这种综合思维能力，对于学生的学习、工作和生活都具有重要的价值。

高校众创空间通过弘扬创新文化和创客精神，培养学生的人文素养。高校众创空间是一个创新的温床，它弘扬的是尊重知识、崇尚创新、追求卓越的文化。学生在这里可以了解到创新的历史和现状，以及创新的价值和意义，体验创新的乐趣和挑战，从而形成对创新和创业的理解和尊重。这种理解和尊重，可以提高学生的人文素养，使他们在追求个人利益的同时，也能够关注社会利益及人的发展。

高校众创空间通过提供社会服务和公益项目，培养学生的社会责任感。在高校众创空间中，学生不仅可以学习和实践创新创业，还可以参

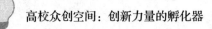

与到各种社会服务和公益项目中,通过创新的方式解决社会问题,帮助社区发展。这种参与社会服务和公益项目的经历,可以增强学生的社会责任意识,使他们意识到自己的行为对社会的影响,从而积极地承担起自己的社会责任。

总的来说,高校众创空间的教育意义主要体现在培养学生的综合思维能力、人文素养和社会责任感上。这些能力和素养的提升,不仅对学生的个人发展和职业发展有重要的影响,也对社会的发展和进步具有积极的推动作用。

二、高校众创空间的社会意义

在当今的社会中,科技的进步和创新的需求正在激发新的社会活力,而高校众创空间作为创新和创业的重要载体,具有巨大的社会影响力。高校众创空间以其独特的地位和作用,不仅推动着学校内部的教育改革和学生素质的提升,还影响和改变着社会的创新生态和经济发展。

(一)有利于构建社会经济增长的新引擎

高校众创空间在全球范围内被视为创新创业的摇篮,其中的原因多种多样,但最重要的一点就是它能够不断地培养和涌现新一代的创新者和创业者。

这些新一代的创新者和创业者是一股充满活力的力量,他们年轻、热情、思维敏捷,对创新充满热爱,并乐于将这些创新和创业创意付诸实践。他们就像一颗颗璀璨的星辰,为社会带来了新的理念、新的产品、新的服务和新的企业,推动了社会的创新和经济的发展。他们用自己的创新成果,改变了人们的生活方式,提升了生活质量。他们的产品和服务,满足了人们的新需求,解决了人们的新问题。他们的企业,创造了新的就业机会,增加了经济的活力。他们的贡献,被越来越多的人看到,被越来越多的人认可,他们的影响力正在持续扩大。他们的出现,预示

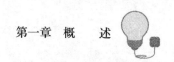

着一个新的时代的到来。在这个新的时代中,创新和创业成为主流,科技和知识成为引领,人才和梦想成为支撑,人们拥有更多的机会和更大的平台,来实现自己的价值,追求自己的梦想,人们期待看到更多的创新和创业,期待看到更多的繁荣和进步。

(二) 有利于激发社会的创新活力

高校众创空间是创新合作的平台,汇聚和连接了学校、企业、政府、社区等多元创新主体。这种多元合作,不仅可以优化创新资源的配置,提高创新效率,还可以推动创新理念和创新实践的交流与碰撞,激发出更多的创新灵感和创新成果,也可以强化社会的创新能力,增强社会的创新活力。

(三) 有利于丰富社会的创新意识

高校众创空间是创新文化的传播者,通过其活动和影响,可以不断弘扬创新精神,传播创新文化。创新文化是社会创新的重要支撑,它可以激发人们的创新激情,鼓励人们的创新实践,塑造人们的创新价值观。创新文化的传播,可以营造社会的创新氛围,增强社会的创新意识。

(四) 有利于解决社会中的部分创业问题

高校众创空间是社会责任的实践者,通过公益创新项目和社会服务,积极解决社会问题,帮助社区发展。这种社会责任的实践,可以让学生在创新创业的过程中,体验服务社会、贡献社会的满足感和成就感,也可以让社会感受到高校众创空间的正能量和价值。

第二章 我国高校创业教育概况与分析

第一节 我国高校创业教育发展概况

一、我国高校创业教育的发展历程

按照时间的发展进行划分,我国高校创业教育的发展大致可分为四个阶段。

(一) 高校创业教育第一阶段(1997年—2002年)

1997年至2002年是我国高校创业教育的初步实践阶段。在这一时期,创业教育在我国并没有得到全面展开。

1998年12月,教育部发布了《面向21世纪教育振兴行动计划》,提出实施"高校高新技术产业化工程",要求加强对教师和学生的创业教育,采取措施鼓励他们自主创办高新技术企业。

2002年,国务院办公厅转发教育部等部门关于进一步深化普通高等学校毕业生就业制度改革有关问题意见的通知。该通知要求社会做好毕

第二章 我国高校创业教育概况与分析

业生的就业保障工作,并且鼓励和支持应届毕业生自主创业。

近年来,有关部门贯彻落实党的指导方针,注重培养受教育者的专业技能、钻研精神、务实精神、创新精神和创业能力,培养一大批生产、服务第一线的高素质劳动者和实用人才,加强职业指导和就业服务,拓宽毕业生就业渠道等。有关部门还开展创业教育,鼓励毕业生到中小企业、小城镇、农村就业或自主创业。工商、税务部门研究制定优惠政策,适当减免有关税费,支持职业学校毕业生自主创业或从事个体经营,金融机构也为符合贷款条件的提供贷款。对外经济贸易部门、劳动保障部门、教育行政部门则努力创造条件,积极协助符合条件的职业学校毕业生到国(境)外就业。

这一阶段,我国许多高校的创业教育主要是通过举办创业竞赛、创业讲座、创业模拟实践等活动来推动,属于团委、学工部或就业指导中心推动的课外实践范畴。当时只有少数高校开设了专门的创业教育课程或进行了专门的创业培训(如浙江大学竺可桢学院于1999年设立了"创新与创业管理强化班",为非管理学专业学生提供了两年的创业强化学习),绝大多数高校还没有开设专门且系统的创业实践教学课程。

(二)高校创业教育第二阶段(2003年—2006年)

进入21世纪,我国很多高校已经开始在创业教育方面有所突破,创业教育的实践性更加凸显,创业课程的开设也小有规模。这与20世纪末至21世纪初相关创业政策的出台不无关系。关于规范创业活动的相关制度、规定、意见和具体政策,以及中央教育体制改革中关于高校招生、就业、创业制度的改革内容都为学生创业教育的开展提供了有力支持。

2003年5月,《国务院办公厅关于做好2003年普通高等学校毕业生就业工作的通知》指出:"2003年是普通高等学校扩招本科学生毕业的第一年。由于高校毕业生总量增加,再加上受到非典型肺炎疫情的影响,今年高校毕业生就业形势比较严峻。"所以,相关部门必须认清局势,促

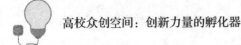

进高校毕业生创业活动的开展,并鼓励高校毕业生自主创业和灵活就业。通知中还指出:"凡高校毕业生从事个体经营的,除限制的行业外,自工商部门批准其经营之日起1年内免交登记类和管理类的各项行政事业性收费。有条件的地区由地方政府确定,在现有渠道中为高校毕业生提供创业小额贷款和担保。"于是,市场监督管理总局在2003年6月份为2003年高校毕业生出台了有关创业的优惠政策。

2005年,国家进一步推行相关政策,对高校创业教育课程做出新的指示。另外,上海市政府也制定相应计划,从2006年到2011年由市科委与市教委每年分别出资5 000万元,全部投入高校创业教育的实践活动,以促进和发展高校创业教育教学。河南省与山东省等地区则相继推出高校应届毕业生的"试营业"制度,这种"试营业"由政府和相关部门提供补贴,学生在创业之初不需要额外的经费,在"试营业"期间的盈亏也不需要自己承担,但"试营业"并不是每个学生都可以成功申请的,学生必须在学科成绩比较出众并且有合理的创业意向书的情况下才能够申请成功,一旦申请成功,则意味着学生创业之初可以享受"零成本"的优惠政策。

2006年,《教育部关于全面提高高等职业教育教学质量的若干意见》提出要"加强素质教育,强化职业道德",明确培养目标,要求"高等职业院校要坚持育人为本,德育为先,把立德树人作为根本任务",并"要针对高等职业院校学生的特点,培养学生的社会适应性,教育学生树立终身学习理念,提高学习能力,学会交流沟通和团队协作,提高学生的实践能力、创造能力、就业能力和创业能力,培养德智体美全面发展的社会主义建设者和接班人"。

这些政策都表明,国家对高校创业教育及创业实践十分重视,各个部门也都意识到了创业的重要性。需要注意的是,这一阶段我国虽然对创业教育有所重视,但是还没有真正意识到创业教育比较重要的一点是需要一定的社会环境和文化氛围。

（三）高校创业教育第三阶段（2007年—2011年）

2007年—2011年，我国受到金融危机的影响，劳动力与就业岗位比例失调，一些学生毕业后无法找到适合自己的岗位，就业与创业问题再次成为人们的困扰，成为直接关系社会稳定与否的首要问题。在这样的社会背景下，我国又做出一系列的改革。

2007年，《劳动和社会保障部关于进一步加强创业培训推进创业促就业工作的通知》指出"创业培训是提高劳动者创业能力的重要手段，是推进创业促就业工作的重要内容"，并要求继续推动与国际劳工组织联合实施的"创办和改善你的企业"项目。

2008年，我国设立了30个国家级人才培养模式"创新实验区"，这标志着我国高校创业教育的中心环节从教育教学转移到创业实践，我国教育界对待创业教育的理念产生了重大变革。一方面，创业教育并不只是提高学生创业相关素养的一门课程，更是社会急需的创新型人才的具体培养路径；另一方面，高校创业教育需要更多的创新，只有创新与教育相结合，才能在我国各所高校中取得较好的教育成果，这是由我国高校多地域、多层次的特性所决定的。所以，各高校在教育教学实践中必须做到因地制宜。

2010年，《国家中长期教育改革和发展规划纲要（2010—2020年）》提出："职业教育要面向人人、面向社会，着力培养学生的职业道德、职业技能和就业创业能力。"同年，《关于实施2010高校毕业生就业推进行动大力促进高校毕业生就业的通知》发布，要求各地人社部门与有关部门密切配合，共同组织实施"创业引领计划"。

2011年，《教育部关于推进高等职业教育改革创新引领职业教育科学发展的若干意见》提出："完善人才培养质量保障体系……将毕业生就业率、就业质量、企业满意度、创业成效等作为衡量人才培养质量的重要指标。"此后，我国出台的有关高校创业教育的政策越来越完善。另外，

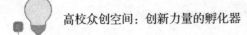

政策的不断出台也使我国对完善创业环境、提升创业素质、丰富创业经验的重要性有了更加深刻的认知。

(四)高校创业教育第四阶段(2012年至今)

2012年至今,我国高校创业教育开始进入比较成熟的阶段,政府、有关部门、高校不仅基本了解了创业教育的重要性,还对学生创业有了更多的支持,社会的创业氛围逐渐浓厚起来。

2012年5月,《教育部 财政部关于印发高等学校创新能力提升计划实施方案的通知》提出:"加快高校机制体制改革,转变高校创新方式,集聚和培养一批拔尖创新人才,产出一批重大标志性成果。"这为我国创业模式转型与深入开展创业教育奠定了坚实的基础。十八大明确指出应当"实施创新驱动发展战略",注重"把科技创新摆在国家发展全局的核心位置",鼓励青年一代开展创业活动。

2013年11月9日至11月12日,中共十八届三中全会在北京召开,会议通过了《中共中央关于全面深化改革若干重大问题的决定》,该决定指出:"健全促进就业创业体制机制。建立经济发展和扩大就业的联动机制,健全政府促进就业责任制度。"可以说,当今时代是风起云涌的变革时期,学生作为高素质人才以及中国未来发展的主力军,要以国家与社会发展、实现自我价值为终身目标,抓住时代的机遇,运用自身所学努力创业。

2018年9月,《国务院关于推动创新创业高质量发展打造"双创"升级版的意见》指出:"近年来,大众创业万众创新持续向更大范围、更高层次和更深程度推进,创新创业与经济社会发展深度融合,对推动新旧动能转换和经济结构升级、扩大就业和改善民生、实现机会公平和社会纵向流动发挥了重要作用,为促进经济发展增长提供了有力支撑。"

在政府下发的各项政策之外,各高校也采取了许多举措,例如早期创业教育中常常出现的创业竞赛、师资培训等。KAB(know about

第二章 我国高校创业教育概况与分析

business）创业教育（中国）项目也开始在我国广泛展开，对我国高校创业教育具有显著的推动作用。KAB是国际劳工组织为培养大学生的创业意识和创业能力而专门开发的教育项目。我国开始开展KAB项目无疑是高校创业教育迈出的具有积极探索精神的历史性的一步。据统计，2012年3月，KAB创业教育（中国）项目就已经培养了来自我国1 000余所高校的4 000多名教师，在100多所大学校园内分别成立大学生KAB创业俱乐部，并且吸引30多万在校大学生加入其中，共同交流关于创业的经验与心得。

综上，我国的高校创业教育起步较晚，于20世纪90年代初才正式起步，不过政府对创业教育越来越重视，我国的创业教育取得了一定的成效。

二、我国高校创业教育的基本概况

在如今这个创新和创业都被视为社会经济发展的重要动力的时代，创业教育在全球范围内备受关注。我国作为世界上第二大经济体，其高校创业教育的发展趋势和基本概况成为许多人关注的焦点。

（一）我国高校创业教育相关项目与组织

经过多年的发展，我国高校创业教育事业中逐渐出现了比较丰富的创业项目与组织，它们有些是我国"本土"创建，有些源自国外，为年轻的学生群体提供了丰富的创业实践指导。

1. KAB

"了解企业"（KAB）是国际劳工组织（ILO）专门开发的一套创业教育课程，旨在帮助学生全面了解创业，并激发他们的创业精神和能力。它主要通过传授创业的基本知识和技能，普及创业意识，来培养具有创新精神和创业能力的青年人才。在我国，这个项目通常以选修课的形式在高校开设。

KAB 课程的一个重要特点是强调学生的实践体验，即先让学生进行实践，然后进行理论讨论，而不是一开始就进行理论知识的灌输。课程设置了八个教学模块，每个模块都有特定的主题，但各个模块之间又相互联系，形成了综合的教学结构。

KAB 课程的设计非常灵活，可以根据学生的需求和学时进行调整，实现了"因材施教"和"因时施教"的理念。它包括学科课程、活动课程和实践课程。学科课程侧重于传授创业知识；活动课程侧重于培养创业意识和技能；实践课程则侧重于提供创业模拟演练。这三种类型的课程相互融合，形成了互有侧重、互为补充的综合对应关系。

KAB 课程还强调教学活动的设计，以便学生在参与教学活动中实现"启发创业意识、体验创业过程、提升创业技能"的目标。学生 KAB 创业基础课程是 KAB 创业教育（中国）项目的重要成果，它以国际劳工组织编写的英文教材为蓝本，经过授权后，针对中国的实际情况进行了本土化改编。

2. SYB 项目

SYB 的全称是"start your business"，意为"创办你的企业"，它是"创办和改善你的企业"（SIYB）系列培训教程的一个重要组成部分，由联合国国际劳工组织开发，是一个为有意愿开办自己的中小企业的人量身定制的培训项目。

SYB 于 1998 年由 SIYB 衍生而来，换言之，SYB 起源于 SIYB，翻译成中文，即"照顾好你的企业"。SYB 的部分内容包含在 SIYB 中，但并不完整。2003 年，国际劳工组织在斯里兰卡开发了 EYB。SIYB 已在多个国家使用并取得一定的发展。我国于 1998 年引进该技术，并在北京、上海和苏州进行了试点。SYB 项目在我国主要经历了漫长发展阶段。

起初培训对象主要是下岗失业人员，培训的目的是鼓励他们创办自己的企业，以注册自营企业或小型私营企业的形式解决个人就业和经济来源问题。SIYB 培训在此阶段的作用是使参加培训的下岗失业人员对创

第二章 我国高校创业教育概况与分析

业有全面的了解,降低创业失败的风险。

后来,培训主要针对城市新增劳动力(包括应届毕业生和农村流动人口),培训的目的是增加这些群体的创业知识,提高他们的创业意识。

经过稳定发展之后,在试点城市,许多学生经过培训实现了自主创业,不仅解决了自己的就业问题,还带动了周边人口的就业,增加了该地区的财政收入。在此期间,浙江省委提出了"创新强省、创业富民"的构想,SIYB 创业培训项目加快了这个构想在浙江的发展。

如今,SYB 的培训对象不仅包括下岗失业人员,还包括受过高等教育、素质高、收入高的人员。经过培训,他们具备了创业的各种能力,并被鼓励走上创业之路。

(二)我国高校创业教育所取得的成绩

自从 20 世纪 90 年代末期我国开始推广高校创业教育以来,我国的高校创业教育已经取得了一些显著的成绩,主要体现在以下几个方面。

1. 教育体系建设

我国的高校创业教育在体系建设上已经取得了显著的成绩。很多高校都设立了创业教育课程,成立了创业学院,甚至提供了创业实习和实践机会。而且,创业教育不再局限于商学院或者经济学院,而是逐渐渗透到了各个专业和学科。

2. 政策支持

在政策方面,政府及相关部门对高校创业教育给予了很大的支持。例如,教育部制定了一系列政策和计划以推动创业教育的发展,包括资助创业教育项目、鼓励高校与企业合作等。这些政策的实施为创业教育的发展提供了良好的环境。

3. 创新和创业氛围

高校创业教育的推广不仅增强了学生的创业意识和技能,还在校园

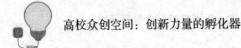

内部营造了良好的创新和创业氛围。许多学生在学校期间就开始尝试创业，有的甚至取得了显著的成功。

4. 教育效果

通过接受创业教育，许多学生已经成功地从创业者转变为企业家。他们中的一些人已经创建了自己的公司，为中国的经济增长和社会创新做出了贡献。

5. 教师队伍建设

我国高校创业教育的发展，吸引了一大批有实战经验的创业教师，他们不仅具有丰富的教学经验，而且拥有自己的创业经历。这为创业教育提供了更为实际和接地气的教学资源。

6. 创业教育研究

我国的高校创业教育研究取得了重大突破。许多学者在创业教育的课程设计、教学方法、评价体系等方面做出了积极的研究，为创业教育的发展提供了理论支持。

第二节　我国高校创业教育特点分析

一、政策的驱动性

近年来，随着我国社会经济的发展，创新和创业已经成为社会进步的重要驱动力，创业教育的重要性逐渐被广大社会群众及政府部门认识到。在这个背景下，政策驱动性成为我国高校创业教育的一大特点。

（一）从中央到地方，我国政府在政策层面大力支持创业教育

2002年，我国发布的《高等学校毕业生就业工作规定》明确提出要"鼓励和引导高等学校毕业生自主就业、自谋职业和自主创业"，这是我国政策驱动创业教育的开端。此后，政府相继出台了一系列的政策和计

第二章 我国高校创业教育概况与分析

划,从教育体系改革、课程设置、教师队伍建设、资金投入等多个层面来推动创业教育的发展,例如教育部于 2015 年出台的《关于深化高等教育创新创业教育改革的意见》提出了"创新创业教育全覆盖""创新创业实践全参与"的目标以及建立创新创业课程体系、完善创新创业教育评价体系等改革措施,为创业教育提供了指导方针。

(二)各级政府在实施层面大力支持创业教育的推广

在中央政府的指引下,各省市也都根据自身的实际情况,出台了一系列创新创业教育政策,例如北京市多所高校相继提出了"双创教育行动计划",旨在推动创新创业教育的深化发展,并提出了建设一批"双创"教育示范基地、开展一系列"双创"教育活动等一系列举措。地方政府还会与高校、企业合作,共同建设创新创业教育实践基地,为学生创业提供实践平台,例如杭州市政府联合浙江大学,共建了"杭州创新创业公共实训平台",旨在为大学生创业提供实训、孵化、创新等服务。

(三)政策驱动使我国高校创业教育的发展步伐加快

许多高校纷纷设立了创业教育课程,甚至创立了专门的创业学院,例如清华大学于 2015 年成立了清华大学创新创业学院,该学院成为全国首个独立的创新创业学院,除了提供创业教育课程,还提供创业指导、创业孵化等服务。高校在开展创业教育的同时,也积极响应政府号召,与企业、政府等多方进行合作,形成了校企合作、产学研相结合的创业教育模式,例如武汉大学在校内设立了武汉大学创业园,该园区集聚了多家企业和机构,提供了一个学生创业实践和企业孵化的平台。

二、实践的导向性

通过实践导向的教学方式,我国的创业教育培养了大量的具有创新

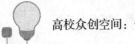

精神和实际动手能力的创业人才，为我国的创新驱动发展战略提供了有力的人才支持。

（一）创业理论与实践相结合

我国的创业教育特别强调以实践为导向，许多高校在教学过程中，积极采取案例教学和模拟实训为主要教学方式，通过让学生亲身参与，将理论知识与实际操作结合起来，以此增强学生的实践操作能力和创新思维。以清华大学的创新创业课程为例，课程的设计便是围绕创业全过程进行，课程中，学生在导师的指导下，先是从构思创业项目开始，然后进行项目策划、市场调研、商业计划书撰写、产品设计等环节，这样的设计让学生在实际操作中，能够深入理解创业的各个环节，并且有机会修正自己的商业计划，提升创业技能。

（二）实践平台的建设

实践平台是我国高校创业教育的重要支撑，通过建设创新创业实践基地，为学生提供创业实训、创业指导、创业孵化等一系列服务。实践基地能让学生有机会将学到的理论知识应用到实际操作中，从而提升实践能力。北京大学创新创业实践中心就是一个很好的例子，这个中心配备了先进的实验设施和设备，为学生提供从培训、咨询到孵化的一站式服务，更重要的是，该中心还与多家企业和投资机构合作，为学生提供实习实训的机会，使他们有机会在真实的商业环境中学习和成长。

（三）创业比赛的推动

大型创业比赛是我国高校创业教育实践导向性的另一重要体现。比赛不仅能激发学生的创业热情，而且能提供一个展示自我、接受反馈的平台。参赛者可以通过比赛将自己的创业项目展示给社会，得到专业人士的评价和建议，同时还有可能获得资金和资源支持。"创青春"全国大

第二章 我国高校创业教育概况与分析

学生创业大赛是我国具有影响力的创业比赛之一,每年都有大量学生参与,在比赛过程中,参赛者不仅能锻炼创业技能,还有机会接触到众多投资人,获取资金支持,这对于学生创业来说是非常宝贵的机会。

三、课程设置的灵活性

在我国的高校创业教育中,灵活的课程设置不仅能满足各类学生的学习需求,还能及时适应社会和市场的变化。

灵活的课程设置能够满足不同学生的需求。在高校中,有的学生可能已经有了明确的创业意向和计划,他们需要的是关于创业管理、市场营销、财务管理等方面的深层知识;而有的学生可能只是对创业感兴趣,想要了解一些基础的创业理论和实践。在这种情况下,高校可以灵活设置课程,通过开设基础性和专业性的创业课程或提供不同程度的创业培训,来满足各类学生的需求。

灵活的课程设置能够适应社会和市场的变化。在快速发展的社会环境中,新的创业机会和挑战不断出现,这就需要创业教育能够及时适应这些变化,调整课程内容和教学方式。例如,随着科技的进步和数字化的发展,大数据、人工智能、区块链等技术在创业中的应用越来越广泛,高校可以及时开设相关的课程,帮助学生理解和掌握这些新技术,并将其应用到创业实践中。

灵活的课程设置有利于高校之间、学校与企业之间的合作。高校通过设置交叉学科的创业课程或与企业合作开设实践课程,可以让学生从多角度、多层次理解和掌握创业知识,增强创业能力。例如,一些高校会与本地的创业公司合作,让学生有机会在公司实习,了解并参与到实际的创业过程中,使他们的学习更加贴近实际。

总的来说,课程设置的灵活性是我国高校创业教育的重要特点之一。它既满足了不同学生的学习需求,也适应了社会和市场的快速变化,同时也为高校之间、学校与企业之间的合作提供了可能。这种灵

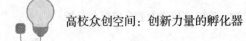

活的教学模式为我国的创业教育培养了一大批既懂理论又擅长实践的创业人才。

四、跨学科协同融合性

在我国高校的创业教育中,跨学科协同融合性主要体现在课程设置、学科交叉、实践环节以及研究领域的整合上。

在课程设置层面,创业教育课程不仅包含经济学、管理学等传统的商业学科,也包含心理学、社会学、法学等学科,这使创业教育课程内容丰富多元,提供了广阔的知识视野。这样的课程设置,能够帮助学生建立跨学科的知识结构,培养学生的综合素质和创新能力。

在学科交叉层面,许多高校已经设立了专门的创新创业学院,汇集了拥有不同学科背景的教师和研究者,形成了多元化的教师团队。这种跨学科的教学团队能够为学生提供多元、全面的创业知识和指导,进一步推动创业教育的发展。

在实践环节层面,高校通常会鼓励和支持学生参与创新创业实践活动,包括创业竞赛、创业实训、创业项目等,这些活动往往需要学生运用不同学科的知识和技能。这样的实践环节能够让学生在实践中理解和运用跨学科的知识,提高其综合素质和创新能力。

在研究领域的整合层面,一些高校已经设立了创业研究中心,进行跨学科的创业研究,如创业心理、创业社会网络、创业法律环境等。这些研究成果为创业教育提供了理论支持,也为学生提供了更加全面和综合的创业知识。

综上所述,跨学科协同融合性为我国高校的创业教育带来了独特的优势,也使我国高校创业教育能够更好地培养出具有全面素质和创新能力的创业人才。

第二章 我国高校创业教育概况与分析

五、师资队伍的专业化与规模化

为实现创业教育目标，我国高校已经开始重视建设专门的创业教育师资队伍，并且这种师资队伍具有一定的规模化趋势。

创业教育需要教师具备专业的创业知识和经验，这就要求高校教师队伍的专业化。我国很多高校已经开始招聘具有丰富创业实践经验和专业创业知识的教师或为现有教师提供创业教育相关的培训。许多学校还引进了来自企业的专家作为兼职教师，这些专家不仅可以带给学生丰富的创业经验，也能为学生提供更加接近实际的创业知识。这种教师队伍的专业化能够提高创业教育的质量，更好地培养出具有创业意识和创业能力的学生。

随着创业教育的推广，越来越多的学生开始接触和参与创业教育，这就要求教师队伍具有一定的规模。我国许多高校已经开始规模化招聘创业教育教师，同时也鼓励和支持现有教师参与创业教育的教学和研究。这种规模化的教师队伍不仅能满足大量学生的学习需求，也能提高教学效率，实现创业教育的普及化。

教师队伍的专业化与规模化使我国的创业教育在教学质量提升和教育普及化上都取得了显著的效果。这种教师队伍的建设还在不断地发展和完善中，相信未来我国高校创业教育将会更加专业化和规模化。

第三节 我国高校创业教育的机遇与挑战

一、概述

我国高校创业教育正处在一个充满机遇和挑战的时期。随着全球经济的快速发展和国内创新创业环境的不断完善，我国高校创业教育面临着许多未曾有过的发展机遇，也面临着一些由内外部环境变化所带来的挑战。

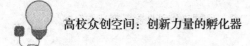
高校众创空间：创新力量的孵化器

在机遇方面，科技创新的飞速发展为我国高校创业教育提供了丰富的创业素材和无限的可能。随着互联网、大数据、人工智能等新技术的发展，越来越多的创业机会正在被创造出来，这为我国高校创业教育提供了广阔的发展空间。国家对创新创业的大力支持也为我国高校创业教育提供了强大的保障。在全社会普遍关注创新创业的大背景下，创业教育的社会地位得到了提升，更多的社会资源正在向创业教育聚集，这为我国高校创业教育带来了巨大的机遇。例如，中山大学的计算机专业学生，利用人工智能技术，创建了一款基于机器学习的个性化推荐系统，这个项目在全国大学生创业大赛中获得了优秀奖项。国家创新创业的政策支持及科技的飞速发展，为具有创新精神的学生提供了极佳的创业环境和机会。

在挑战方面，科技发展为创业带来了很多机会，也带来了更高的创业门槛，对于学生来说，要想在某个领域成功创业，就需要更高的科技素养和更强的学习能力。随着我国创业环境的不断完善，竞争也越来越激烈，如何让学生从众多的创业者中脱颖而出，成为我国高校创业教育的一大挑战。另外，尽管国家对创业教育给予了大量的支持，但由于资源有限，如何更好地利用这些资源提高创业教育的效率和质量，也是我国高校创业教育面临的重要挑战。例如，一个基于区块链技术的项目可能需要大量的研发投入和专业的技术支持，但创业团队可能因为资金问题、技术瓶颈或者市场竞争压力而无法持续下去，这就需要创业教育能够帮助学生理解创业过程的复杂性，让学生能够在资源有限的情况下做出最佳决策。

总的来说，我国高校创业教育既有许多发展的机遇，也存在许多挑战。面对这些机遇和挑战，我国高校应更加重视创业教育，不断改革和创新，积极应对挑战，充分把握机遇，以此推动我国高校创业教育的持续发展。

二、我国高校创业教育的机遇

随着经济的发展和科技的进步,我国高校创业教育正面临着前所未有的机遇。

(一)政策的鼓励和支持

在我国,政策的鼓励和支持一直是推动高校创业教育发展的重要因素。近年来,这种趋势更加明显,政府对创业教育的支持力度不断加大,出台了一系列的政策和措施,帮助学生解决创业中遇到的各种问题,营造出良好的创业环境。

财政扶持政策是政府支持学生创业的重要手段之一。我国不仅在国家级别上设立了专门的创业基金,为符合条件的学生提供资金支持,也鼓励地方政府和高校设立创业基金,为在校学生的创业活动提供资金保障。这些财政扶持政策极大地减轻了学生创业的经济压力,使他们能够更专注于创业项目的研发和运营。

税收优惠政策也是我国政府支持学生创业的重要方式之一。对于初创企业,政府提供了一系列的税收优惠政策,包括减免所得税、增值税、企业所得税等,使学生创业者能够在创业初期降低成本,减轻负担。这些政策不仅提供了创业的财政支持,也展示了政府对大学生创业的鼓励和支持。

政府还通过设立创业贷款政策,解决学生创业资金不足的问题。政府与各大银行合作,为学生创业者提供低息甚至无息的创业贷款。这些贷款政策极大地解决了学生创业资金不足的问题,使他们能够有足够的资金进行创业活动。

为了进一步提高学生的创业能力和创新素养,政府还鼓励学生参与各种创新创业大赛。这些比赛不仅能提高学生的创业技能,还能增强他们的团队合作能力,提升他们的创新意识。通过参加比赛,学生可以将

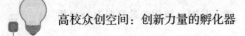

所学知识应用于实践,也有机会获得投资人的关注和投资。

总的来说,我国政府通过一系列的政策和措施,为学生创业提供了良好的环境。这些政策和措施不仅为学生提供了创业的经济支持,也提高了学生的创业技能和创新意识,促进了我国高校创业教育的发展。然而,如何将这些政策和措施落地实施,还需要政府、学校和学生共同努力,以确保政策成效显著。

(二)高新技术的快速发展

高新技术的快速发展为我国高校创业教育带来了前所未有的机遇,特别是互联网、人工智能、大数据、区块链等新兴科技,其创新和应用不仅让学生有机会开发出许多创新的产品和服务,还提供了丰富的学习和实践机会。

互联网技术的发展,为学生创业开启了全新的思维方式和商业模式。互联网使信息的获取和分享变得便捷,学生可以利用互联网开展电子商务、社交媒体、在线教育等多种创业活动。例如,基于互联网的社交平台,让用户能够实时互动、分享信息,学生可以通过开发新的社交应用程度,来满足人们在交流、娱乐、学习等方面的需求。

人工智能技术的进步,为学生创业提供了无尽的想象空间。人工智能的应用范围日益广泛,涵盖了医疗、教育、娱乐、物流等诸多领域。学生可以利用人工智能技术,设计和开发智能化的产品和服务。例如,人工智能在医疗诊断、自动驾驶、智能家居等领域的应用,为学生创业提供了广阔的领域。

大数据技术的发展,为学生创业提供了广阔的平台。大数据可以帮助学生深入理解市场和消费者,提供更精准的决策依据。学生可以利用大数据技术进行市场预测、用户行为分析、产品优化等工作。例如,基于大数据的推荐系统,能够帮助企业更精准地了解用户需求,提供个性化的产品和服务。

第二章 我国高校创业教育概况与分析

区块链技术的出现，为学生创业开启了全新的视野。区块链技术能够实现信息的去中心化、公开透明、不可篡改，其在金融、供应链管理、版权保护等领域具有广泛的应用前景。学生可以利用区块链技术，开发新的应用程序，为现有的业务流程提供更高效、更安全的解决方案。

科技的快速发展为学生提供了丰富的学习和实践机会，使他们能够掌握前沿知识和前沿技能。科技的快速发展也给学生创业带来了挑战，学生需要不断学习新的知识，适应快速变化的科技环境。

（三）教育改革的推动

在我国的教育改革中，推动创新创业教育已成为重要的一环。近年来，大量的高等教育机构开始将创业教育纳入教学体系，通过加强创新创业课程建设、建立创业实践平台、提供创业导师指导等多种方式，帮助学生理解创业的重要性，增强他们的创业意识和能力。

创新创业课程的建设，为学生提供了获取创业知识的途径。在课程内容上，大部分高校除了教授基础的创业知识（如商业模式、营销策略、融资技巧等），还会邀请成功的企业家来举办讲座，分享他们的创业经验。在课程形式上，越来越多的高校选择了实践导向的教学方式（如模拟创业项目、创业竞赛等），让学生在实践中学习和掌握创业知识。

创业实践平台的建立，为学生提供了实践创业的场所。许多高校设立了创业实践基地（如创业孵化器、创新工作室等），为学生提供了从构思到实施的全过程服务。这些平台一方面可以提供技术、资金、市场等资源的支持，另一方面也可以提供实践、交流、合作的机会。

创业导师指导的引入，有效提升了学生的创业技能。一些高校开始引入创业导师制度，由有丰富创业经验的老师或企业家指导学生进行创业实践，这些导师不仅可以提供专业的创业知识和技能，还可以传递创业精神和态度。

这些教育改革为学生的创业提供了良好的环境和丰富的资源。学生

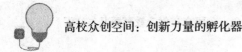

可以在学习和实践创业的过程中,提高自己的创新思维能力,拓展视野,增强自信,提高创业能力。而这种教育方式的推广和普及,无疑为我国高校创业教育的发展提供了广阔的机遇。

(四)社会环境的改善

当代社会对创业的接纳程度与日俱增,人们对于学生创业持更积极的态度。这种情况为学生创业提供了一个良好的社会环境,构成了强大的社会支持力量,也为高校创业教育的推广提供极大的便利性和可能性。随着社会创业氛围的日渐浓厚,学生更愿意接受创业教育,积极探索创新创业之路,这无疑对创业教育的深入推广起到了积极的作用。

在如今的社会环境中,创业不再是一种追求个体价值和自由的边缘化选择,而是逐渐融入了主流,成为社会发展的重要动力。人们对创业的理解和认知不断深入,从而对学生创业抱有更为积极和理性的态度。这种广泛的社会认同感,无疑给学生创业注入了强大的动力,也增强了学生的自信和决心。

社会创业氛围的日益浓厚,使学生更容易接触到创新创业的思想和实践,也更乐意去尝试、去接受创业教育。在这种环境下,创业教育的推广工作也变得更加顺利,学生对创业教育的需求和接受度也大幅提升。这一趋势无疑使创业教育在我国高校中的普及和发展获得了强大的动力和广阔的空间。

总体而言,社会对创业的高度认同及浓厚的创业氛围,为学生创业和创业教育的推广提供了强大的社会支持。这种环境的改善,不仅使学生更愿意接受创业教育,也使我国高校有更多的可能和空间去推广和深化创业教育。对于创业教育的发展,这无疑构成了一个重要的机遇。

三、我国高校创业教育的挑战

在诸多机遇与喜人成绩的背后,我国高校创业教育仍然面临着一些挑战。以正确的方式来面对挑战、迎接挑战,从而实现高校创业教育的进一步发展。具体来说,我国高校创业教育面临的挑战体现在如下几个方面。

(一)创业资源配置的不足

教育资源的不足是创业资源配置面临的一个重要问题。高质量的创业教育需要精良的教材、先进的教学方法和科学的评价机制,但目前在一些高校中,这些教育资源都存在一定程度的短缺。例如,在教材上,现有的创业教育教材尚未能够全面覆盖创业的各个方面,一些重要的创业知识和技能没有被有效地纳入教材;在教学方法上,尽管很多高校已经开始尝试案例教学、模拟实训等新的教学方法,但这些新方法的应用仍不够普遍,传统的讲授式教学仍然占据主导地位;在评价机制上,现有的评价方法往往过于注重理论知识的考核,而忽视了创业能力和创新精神的培养。

创业实践平台的不足也是创业资源配置面临的一个重要问题。创业实践是创业教育的核心,只有通过实际的创业活动,学生才能真正掌握创业知识,提高创业能力。然而,现有的创业实践平台还不能满足所有学生的需求,许多学生没有机会参与到创业实践中来。创业导师的短缺也是一个突出问题。一个优秀的创业导师不仅需要具备丰富的创业经验和专业知识,还需要良好的教育技能。

总的来看,创业资源配置的不足是我国高校创业教育面临的一个重要挑战,这直接影响到创业教育的质量和效果。因此,如何通过改革和创新,应对这个挑战,是我国高校创业教育需要深入思考和解决的一个重要问题。

(二)创业教育的不均衡

高校创业教育的不均衡表现在地域和学校类型之间,这构成了创业

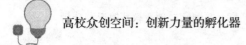

教育的一大挑战。地域和学校的不均衡使部分学生无法接受高质量的创业教育，这无疑阻碍了他们的创业潜力释放和职业发展。

地域之间的不均衡表现在，一些地区，尤其是经济较为发达的地区（如北京、上海、广东和浙江等），由于其优越的地理位置、强大的经济实力和丰富的社会资源，创业教育的发展比较成熟，高校拥有较丰富的教学资源和实践平台，学生的创业意识和能力也较强。相反，在一些经济较为落后的地区（如一些中西部省份），创业教育的发展水平还有待提高，创业教育资源的短缺使学生在创业知识和技能的掌握上存在明显的缺失。

学校类型之间的不均衡表现在，一些名牌高校和研究型大学，由于其学术优势和丰富的资源，其创业教育的发展也相对较好。这些学校的学生更有可能获得优质的创业教育资源。

（三）创业风险的增大

在当今激烈的市场竞争环境中，高校学生创业面临的风险日益增大。科技的迅速进步和市场竞争的激烈，使创业环境复杂多变，创业难度加大。许多学生在创业过程中，由于缺乏足够的市场洞察力、创新能力和风险应对能力，可能会面临各种挑战和困难，这无疑对创业教育的深度和广度提出了更高的要求。

大多数学生在学术领域拥有丰富的知识和理论，但他们在面对现实市场环境时，常常缺乏足够的实战经验和市场洞察力，在把握市场趋势、理解市场需求、评估竞争对手等方面，他们可能存在一定的盲点和不足。随着科技的快速发展，新兴科技的应用在各行各业中已经成为常态，创业的形式和内容也发生了深刻的变化。对这些新兴科技的理解和掌握，无疑对学生创业的成功具有关键性的影响。学生在创业过程中，还需要面对包括资金压力、管理挑战、法规风险等多方面的问题。如何筹集初始资金、如何优化业务流程、如何拓展市场、如何遵守相关的法规和政策等，都需要学生具备较强的实践能力和应对能力。在这种情况下，创业教育需要从多个方面来培养学生的创业能力,包括创新思维、市场洞察力、风险应对能力、管理技能等。

综上所述,面对科技进步和市场竞争带来的创业风险,高校创业教育必须进行相应的改革和创新,以便更好地培养学生的创业能力,帮助他们成功应对创业的各种挑战。

(四)创业教育与市场需求的脱节

在某些情况下,高校创业教育的内容与实际市场需求存在较大的脱节。这种脱节可能表现在多个层面,包括知识结构、技能培养和行业动态等。尽管学生经过创业教育获得了一定的知识和技能,但当他们走入实际的创业环境时,这些知识和技能往往难以应对市场的真实需求。这无疑给他们的创业之路带来了额外的困扰和挑战。

在知识结构方面,当前高校创业教育在知识结构上可能存在局限性。创业不仅需要理论知识,还需要实际的市场运营、团队管理、风险控制等能力。然而,传统的创业教育往往过于注重理论教学,忽视了对这些实用能力的培养。当学生走入市场,面对真实的商业环境时,他们自己所学的知识可能并不能解决实际问题,这使他们在创业过程中遇到了困扰和挫折。

在内容和方法方面,创业教育的内容和方法可能与实际市场需求不同步。随着科技的快速发展和社会的进步,市场需求和行业趋势在不断变化。创业者需要灵活适应这些变化,以确保自己的产品或服务能够满足市场的需求。然而,创业教育的内容和方法往往更新不及时,无法及时反映市场的最新动态,使学生在创业过程中,可能面临理论与实际、知识与技能的脱节。

在实践环节方面,创业教育的实践环节可能存在不足。创业不仅需要理论知识,更需要实际经验。通过实际的创业实践,学生可以更好地理解和应用理论知识,提升自己的创业能力。

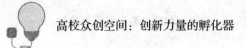
高校众创空间：创新力量的孵化器

要解决创业教育与市场需求脱节的问题，我们需要对创业教育进行全面的改革和优化，包括调整创业教育的知识结构、注重实用技能的培养、更新教学内容和方法，以及加强创业实践能力的培养等。

第四节　我国高校创业教育的优秀典型案例

一、清华大学创业教育

清华大学是我国重要的高等学府之一，也是国家科研人才培养基地。截至 2020 年，清华大学校级科研机构已有 400 余个，其中在政府的大力支持与批准下构建的机构占近一半。可见，政府以及相关教育部门对清华大学的建设十分重视。

（一）清华大学创业教育发展历程

1997 年，清华大学学生创业协会正式成立，它以"投身大赛、关注产业、体验创业、锻炼能力"为办会理念，广泛动员学生学习创业知识，不断增强自身创业素质，鼓励学生把理论知识和实际操作紧密结合起来，赋予创业教育更深远的现实意义。

1998 年，在经济管理学院众多教师和学生的积极倡导下，清华大学首次在 MBA 教育和培训中引入了新的学科方向——创新与创业管理。该学科不仅教授学生创新知识，还定期举行比赛、沙龙、讲座等活动，以此营造浓厚的校园创业氛围。清华大学要求全体本科生都学习创业管理课程，以理解创业教育。接下来，清华大学开始筹备创业计划大赛，这是一场全校范围的大赛，学生需要向全校师生展示自己的创业计划。虽然当时的创业计划更侧重于理论和设想，还不能完全付诸实践，但这场大赛已经深深影响了校园内外的创业氛围，使学生开始意识到灵活就业和创业的重要性。

第二章 我国高校创业教育概况与分析

2000年12月,清华大学在经济管理学院的大力支持下,正式成立了中国创业研究中心。该中心不仅服务于清华大学的学生,还为其他院校的优秀学子和相关领域的学术组织提供政策咨询等服务,致力于开展创业和投资等教育活动,立志成为中国创业领域的领导者。2001年,中国创业研究中心与斯坦福大学、百森商学院、新加坡国立大学、汉诺威大学等多所知名学府展开了高校创业教育的学术讨论、师资培训、学者互访等活动。

2005年,清华大学经济管理学院与微软公司合作,共同开设了一门大学生选修课程——"技术创业:未来企业家之路"。2006年,学校又增设了一门"创业机会识别和商业计划"的课程,对清华大学历届优秀学生的创业计划和创新成果进行介绍,并大力倡导创业。

2009年,清华大学与加利福尼亚大学伯克利分校进行了合作,共同举办了清华-伯克利全球技术创业教育项目启动仪式暨论坛,两所名校的教师齐聚一堂,深入研究和探讨了高校创业教育的课程规划、课程目标、教学理念、教学模式等问题。清华大学还挑选了一部分英语口语能力强、有强烈创业信念和热情、具有创新能力的优秀学生,接受两所名校优秀创业导师的专门培养。

2016年至今,清华大学在各类创业机构和相关活动的支持下,大力发展创业平台,其中包括校团委的"创"、兴趣团队、基础工业训练中心及经济管理学院的x-lab等。清华大学多年来在高校创业教育方面的努力,不仅使其自身成为创业的领导者,也为其他高校提供了一份宝贵的经验。

(二)清华大学创业教育的特点

清华大学创业教育注重管理,强调落实主体责任,一方面要求多部门共建教学体系,另一方面严抓教学管理。例如,清华大学成立了以校长为组长、教务领导与党政领导为副组长的领导小组,领导小组下辖工作组,工作组则由教务处构成。又如,由创业课程授课教师或者具有一

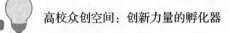

定创业经验与能力的教师共同组成委员会,为学生提供创业问题的解答。

清华大学不仅开设了"创业导引——与创业名家面对面"等通识教育课程,也开设了创业相关的辅修专业、第二学位专业、第一学位专业、研究生专业等,进行多角度的创业教育。

清华大学创业教育注重实践,努力整合各方资源,实现了专业实验室、虚拟仿真实验室等实验教学平台的共享。清华大学还经常联合学校内外各界力量共同举办创业竞赛、创业讲座论坛。

二、武汉大学创业教育

2000年,武汉大学首次提出了"三创理念",这是一种积极响应社会主义现代化建设和时代发展需要的教育理念,强调"创造、创新、创业"。这一理念的提出,标志着武汉大学开始将教育焦点转向创新型人才的培养,也为如今的创新创业教育奠定了坚实基础。2001年,在武汉大学举办的本科教学工作会议上,学科领导人与学校管理部门进一步明确了三创教育的方向,那就是:以创造性思维为基础,通过创新型教育手段,引导和激发学生的创业精神。从此,三创教育被正式提出并被立为高校教育发展的重点指导方针。这一方针的制定,表明了武汉大学对于培养适应经济社会发展需要具有全球视野、创新思维和创业能力的复合型人才的决心。

在"三创教育"的实施过程中,武汉大学发挥了武汉市计委、市经委、东湖开发区的优势,三者共同出资成立了武汉世博投资公司,为提高学生创业能力提供了有效保障。该公司特设了一项名为"大学生创业风险金"的创新举措,使学生在具备创业计划时,能够获得一笔启动资金,降低了创业的初始成本和风险。这不仅提升了学生的创业意愿,也让更多有想法、有能力的学生有了实现梦想的机会。

武汉大学还积极探索新的教育模式,创立了创业教育试验班。试验班的学生都是具有一定创新意识和创造精神的优秀学生,他们在学习必

第二章 我国高校创业教育概况与分析

修课程的同时，还学习试验班的课程，体验弹性学制，甚至在具备明确的创业意向和丰富的创业知识的情况下，可以申请保留学籍，休学一段时间去创业。在创业取得一定规模后，学生可以选择回到学校继续就读，这样他们既实现了创业梦想，又获得了学位，还能为学校带来一些实质性的贡献。武汉大学借鉴清华大学创业教育的成功经验，举办了各种与学生创业相关的学术论坛、学术讲座和学术沙龙活动，形成了校校联合、校企联合的模式，为学生创业提供了丰富的知识和实践资源。武汉大学还创立了创业指导中心与创新实践中心，邀请校内外的知名学者、专家进行授课，模拟创业过程，以实践推动教育，提高学生的创新创业能力。

如今，武汉大学的"三创教育"已经成为其教育发展的重要方向，也在全国乃至全球范围内产生了广泛的影响。这种深度融合理论与实践的教育模式，不仅培养出了一批批优秀的创新创业人才，也为武汉乃至整个中国的创新创业教育探索出了一条成功的道路。

三、香港科技大学创业教育

香港科技大学，是一所在亚洲乃至全球都享有崇高声誉的研究型大学，是环太平洋大学联盟、东亚研究型大学协会、亚洲大学联盟及中国大学校长联谊会的重要成员，荣获了 AACSB 和 EQUIS 双重认证。

（一）香港科技大学创业教育发展历程

香港科技大学以其深厚的商科和工科学术实力，在国际研究型大学中占有重要地位。自建校以来，该校始终坚守培养学生实践能力和创新精神的理念，培养了众多在科研和商界大放异彩的优秀人才。

2000年，香港科技大学建立"创业中心"。这个创业中心成了全校创业教育的心脏，是师生寻求创业知识、接受创业训练、发掘创业意愿的乐园。它设有相关的董事会和委员会等机构，为学生提供全方位的创业咨询服务。

高校众创空间：创新力量的孵化器

在2011年的"QS亚洲大学排名"中，香港科技大学位列第一，受到社会各界的广泛关注。香港商界的精英纷纷伸出援手，期待与香港科技大学开展互动和合作，以期在共同的合作中创造出更大的价值。香港科技大学的创业学生组织更是一支卓越的团队，在2012年的"亚洲创新论坛青年创业大赛"中，他们成功晋级六强；2013年，他们又在"E挑战杯——创业计划挑战赛"中摘得桂冠，可谓实至名归。

如今，香港科技大学拥有一流的研究设施和广泛的合作伙伴网络，为学生实践创业想法提供了无比丰富的资源。学校还定期举办创业活动和竞赛，以激发学生的创业热情，为学生群体提供了一个交流创新想法、碰撞思想火花的平台。

（二）香港科技大学创业教育的特点

香港科技大学的创业教育充满着特殊的魅力，具有以下几个特点。

1. 具有可行性的教学目标

香港科技大学的创业教育，把目标定位在提高学生的创新能力、创业能力、综合素质上。这样的目标，意味着学生在毕业之后可以顺利地融入社会，无论在任何企业、任何岗位，他们都能够发挥出自己的价值，为社会贡献力量，在适当的时机，可以创办自己的企业。

2. 强调实际可行性

香港科技大学的创业教育在强调提高学生创业能力的同时，也尽可能地满足学生的就业需求，学校以创业知识的讲授和实践能力的培养为重点，体现出创业教育目标的前瞻性。

3. 具有丰富多样的教学内容，强调理论与实践的结合

香港科技大学的创业教育倡导学生将学习到的知识运用到创业活动和比赛中，以便在实践中加深理解，提升技能。在此过程中，学生不仅可以把自己学习到的创业理论知识付诸实践，还能通过交流互动获得许多实用的创业技能。

第二章 我国高校创业教育概况与分析

4. 给予学生全方位的创业支持

香港科技大学提供了"孵化器"支持,对学生的创业计划进行保护,帮助他们从零开始,步步为营。学校还为学生提供了丰富的资源,比如教师、政府基金、风险投资、科技园、企业、国外高校等多元化的资源,这些资源都可以通过创业中心平台进行整合,为学生的创业活动提供强大的支撑。

总的来说,香港科技大学的创业教育结构科学、目标明确、内容丰富、支持全面,是一个值得其他高校学习的模式。该校通过这个模式,成功地培养出了一批批具有创新精神和创业能力的优秀毕业生。

四、广西师范大学创业教育

广西师范大学面对新发展格局,立足新发展阶段,坚持新发展理念,不断深化创新创业教育改革。该校以"敢闯会创"为核心要素,持续推进"大学生创新创业引领工程",将创新创业教育融入人才培养全过程,引领创新人才培养模式变革,促进人才质量观、教学质量观、大学质量文化的转变,为学校综合改革及"双一流"建设做出创新性的贡献。

(一)广西师范大学创业教育的基础与背景

广西师范大学坚持以立德树人为核心,积极推进创新创业与思想政治教育、专业教育、科学研究、产业变革及国际教育的"五融合",加快课程建设体系化、师资队伍多元化、创业实践基地化、创业竞赛系统化、创业活动品牌化和双创资源平台化的"六化"进程,大力推进"跟共产党学创新创业"工程,为双创教育注入"党魂"。该校的双创"金课"达到8门,其中必修课"创新创业基础"被评为教育部课程思政示范课程。在历届"互联网+"大赛中,该校获得优异的成绩,稳居广西高校第一。该校的大学生创业园被评为(广西壮族)自治区双创示范基地和大学生创新创业典型示范基地。

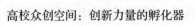

该校重视学生的创新创业实践，推进双创教育与产业变革的深度融合，提高学校、政府、产业、社会、网络五位一体的双创资源的整合协同发展效能，持续开展了"电商直播训练营""社企先锋共创营""创新创业训练营""创新创业大讲堂""文创设计大赛"等创新创业品牌活动。政府对该校已经设立的8个创客空间进行现场核验评选，并给予每个创客空间1万元~3万元的专项经费资助，通过对已经设立的众创空间实现规范管理、科学管理、专业管理，进一步发挥二级学院众创空间作为学校创新创业教育延伸至二级学院的连接作用。

近年来，广西师范大学实施创新创业"三类计划"，分类打造双创"孵化群"。"三类计划"的具体内容如下。

第一，面向全校学生实施"金种子计划"。该计划将持续打造"创新创业大讲堂""创客马拉松""创新创业训练营""双创月""创客日"等多样化的"专业+创业"创新创业实践活动，2022年校内外参与活动的学生超过1万人次，培育与挖掘的"金种子"项目达240个。

第二，面向成形的创业实践项目实施"蒲公英计划"。该计划将开展入驻众创空间、孵化基金、帮助项目注册公司、开设创新创业精英班等全链孵化培育工程，支持"金种子"项目参加中国国际"互联网+"大学生创新创业大赛，通过项目遴选、团队培养、参赛辅导全过程管理，实现以赛推创、以赛代练、以赛促学。在第八届中国国际"互联网+"大学生创新创业大赛上，该校共组织18 846人、3 491个项目参加比赛，开展了16次训练营辅导，3场创新创业大讲堂专题讲座，取得全国总决赛1金1银8铜，区赛25金37银22铜的历史性突破。

第三，面向拔尖创业人才实施"梧桐计划"。该计划将为学生创业提供专利布局、成果落地转化、支持扩大研发投入等个性化服务和精准辅导，培育壮大一批科技型中小企业、高新技术企业，创造一批学生创业明星。例如，生命科学学院的齐子安创办的"桂林齐盛科技服务有限公司"获评2022年国家级高新技术企业、自治区科技中心企业，并在第八

第二章 我国高校创业教育概况与分析

届中国国际"互联网+"大学生创新创业大赛上获国赛金奖；体育学院研究生黄易创办的"桂林市舞易体育发展有限公司"在第八届中国国际"互联网+"大学生创新创业大赛上获国赛银奖。

（二）广西师范大学创业教育的思路与目标

广西师范大学作为一所具有丰富人文教育传统的综合性大学，积极响应国家创新创业政策，加强创业教育的实施，具有系统性和时代性的发展思路与发展目标。

1. 持续提升学生创新创业能力

广西师范大学双创示范基地坚持以"立德树人"为根本任务，持续将创新创业教育贯穿人才培养的全过程，继续深化创新创业教育改革，增强学生的创新精神、创业意识和创新创业能力。该校将建立以创新创业为导向的新型人才培养模式，健全校校、校企、校地、校所协同的创新创业人才培养机制，为双创示范基地持续有力的发展培养源源不断的新型创新创业人才。该校也将进一步打造科技文化融合载体，以科技迸发文化发展的活力，讲好中国文化故事和桂林文化故事，打造中国文化品牌，彰显中华民族的文化魅力。

2. 持续健全创新创业项目孵化体系

该校将以双创示范基地为依托，全力推动众创空间、孵化器、科技园全链条创新创业项目孵化体系的建设，持续提升企业开办服务能力，为学生创业提供高效便捷的服务。该校也将不断完善科技创新资源开放共享平台，积极推动实验室及科研仪器、设施等科技创新资源面向学生开放共享，为师生、校友创新创业提供低价、优质的专业服务。

3. 积极构建"城校共生"创新创业生态

该校将加强双创示范基地建设，深入实施创业就业"校企行"专项行动，积极推动该校示范基地与企业示范基地的结对共建，建立稳定的合作关系。该校将依托示范基地保持自身学科优势，与桂林市城市发展规划、高校周边产业布局、广西重点产业发展和乡村振兴产业兴旺积极对接，促进高校人才和学生创新成果等创新创业要素与地方和产业的协同发展，积极构建"城校共生"创新创业生态，为学生建设集研发、孵化、投资等于一体的创业创新培育基地。

4. 加强创新创业教育生态建设与创新创业人才培训

该校将进一步健全集课堂教学、自主学习、结合实践、指导帮扶、文化引领于一体的高校创新创业教育体系。目前，该校开设了多门双创融合课程，其中自治区级及以上双创一流课程达到8门，校内外双创教师超过100人。2022年，该校立项的创新创业研究课题和教育改革课题不少于10项，举办的双创文化活动不少于10场，"互联网+"大赛参与项目不少于2 000项，创新创业教育覆盖率达到100%。

5. 加强学生创新创业支持体系

打造创新创业实践平台，形成了"教授-学院-学校-社会"四级双创孵化体系和"高校、政府、企业、社会组织"共建共享机制，共建校内外双创实践平台/基地22个。众创空间入园孵化项目120个，注册企业32个，认定高新技术企业2家，科技型中心中小企业2家。并打造"创新创业课程群虚拟教研室"。截至2022年，"创新创业课程群虚拟教研室"入选教育部第二批虚拟教研室建设试点；创新创业学院选入国家级创新创业学院建设单位；"新媒体运营"等6门双创课程入选国家高等教育智慧教育平台；联合发布全国首个《区块链产业人才需求白皮书》；"创新创业基础"入选教育部学生服务与素质发展中心评定的"全国就业创业金课"。①

6. 加强文化、科技创新与科技成果转化

该校将开设科技成果转化课程1门，制定和完善科技创新与科技成果转化相关制度和管理办法1个，实现科技成果转化和知识产权转让超过10项，形成文化与科技创新特色。

---

① 选自学院官网，https://cxcy.gxnu.edu.cn/2165/list.htm.

第二章 我国高校创业教育概况与分析

7. 积极带动学生和社会人员就业创业

该校将积极推进大学科技园创建,积极加强在校生创业孵化和毕业孵化企业跟踪培养,积极举办乡村青年创新创业培训班、电商直播培训班及女性创业培训班,吸纳和带动大学生和重点人群就业超过100人。

8. 加快推进产教融合,加强"城校共生"创业生态建设

该校将积极推动"桂阳公路文化与科技创业带"建设,与广西2个市县区签订"城校共生"创业生态共建协议,举办"城校共生"创业生态共建论坛,成为桂林高校聚集区服务地方发展的引擎。

9. 搭建学生创业就业协同发展平台

该校将推动示范基地和企业示范基地深度合作,建立创业导师共享机制;积极与区域示范基地和企业共建面向特色产业的实训场景,加快培养满足社会需求的实用型技能人才;促进大学生加强数理化和生物等基础理论研究,夯实创新能力基础;实施双创示范基地"校企行"专项行动,支持将具备持续创新能力和发展潜力的高校毕业生创业团队纳入企业示范基地人才储备和合作计划,拓宽创业带动就业的渠道。

(三)广西师范大学创业教育的保障措施

广西师范大学将持续重视创新创业教育,把深化创新创业教育改革作为学校创新人才培养范式、提高人才培养质量、深化学校综合改革的重要抓手,将深化创新创业教育改革纳入"十四五"总体规划和"双一流"建设,把深化创新创业教育改革与提高本科教学质量和建设高水平大学同步规划,进一步增强创新创业教育对人才培养、三全育人、产教融合、国际交流的支撑作用。

学校将进一步强化双创示范基地组织领导职能,健全双创示范基地建设领导小组。领导小组组长由学校党委书记、校长担任,成员来自党办、校办、学工部、校团委、人事处、科技处、社科处或文科中心、研究生院、创新创业学院等学校职能部门负责人,办公室设在创新创业学

院。由创新创业学院专门负责全校创新创业教育工作的组织、统筹和管理,每学期召开专门会议研究部署全校的创新创业工作。

学校将制定和完善广西师范大学关于进一步支持学生创新创业的指导意见、广西师范大学学生创新创业基金管理办法等有关创新创业学生转专业、弹性学制、创新创业学分积累与转换、创新创业档案和成绩单、创新创业奖学金等相关制度和激励政策。

学校将多渠道为双创示范基地建设和发展筹集资金,一是争取学校扶持,设立双创示范基地日常管理经费及"创新创业建设项目"学生创新创业训练计划项目等专项资金;二是争取各级政府奖励与补贴,如"互联网+"大赛奖励资金等;三是争取社会捐赠,学校将积极发动校友和企业家捐赠成立创新创业发展专项基金。学校将积极构建"学校扶持、政府奖励与补贴、社会捐赠"三位一体的创新创业教育及双创示范基地建设资金来源网络渠道,为双创示范基地建设提供资金保障。

第三章　高校众创空间的基本管理与运营模式

第一节　高校众创空间的管理架构

高校众创空间的管理架构包括战略领导、日常管理、教育指导和合作伙伴，如图 3-1 所示。

图 3-1　高校众创空间的管理架构

一、战略领导

战略领导是构建和管理高校众创空间的关键环节，因此其责任和地位不容忽视。理想的战略领导通常由高级领导小组担任，他们拥有一定的权力，以便做出重大决策，并且具备决定高校众创空间发展方向的能力。由高级领导小组担任的战略领导需要认真贯彻落实如下任务。

（一）明确高校众创空间的使命

在高校环境中，高校众创空间的使命可能是培养具有创新精神和创业能力的人才，推动学术研究与社会需求的紧密结合；也可能是成为学校、企业、社区等各方共享的创新资源平台。无论何种使命，都应是鲜明的、具有吸引力的，能够引发共鸣，激发热情，唤醒潜能。高级领导小组的责任，就是要不断宣传强调这个使命，使其深入人心，激励成员共同行动，为实现使命付出努力。

（二）设定高校众创空间的发展愿景

愿景是高校众创空间未来的理想蓝图，是我们想要达到的终点，是我们努力的方向。一个好的愿景，应该既有激励性，也有挑战性，它需要有足够的吸引力，能够激发成员的积极性和创造性。

在高校环境中，可能的愿景包括：建立国内一流、国际知名的创新创业教育平台，培养一批具有国际视野、创新思维和创业精神的优秀学生创业者，推动学校科研成果的产业化，提升学校的社会服务能力和影响力，等等。高级领导小组的责任，就是要坚守这个愿景，引导成员朝这个方向进发，不断探索和尝试，勇往直前。

（三）制定高校众创空间的发展目标

目标是使命和愿景的落地，是我们的具体工作内容和要求。目标应该是明确的、具有可衡量性的、有时限的、可以达成的和有挑战性的。在高校众创空间环境中，可能的目标包括：每学期举办一次创新创业大赛，每学年培育10个创业项目，每三年引进5位优秀导师，等等。高级

第三章 高校众创空间的基本管理与运营模式

领导小组的责任,就是要保证这些目标的实现,他们需要组织资源、动员人力、制定工作计划、监控进度、调整策略,确保目标的达成。

(四) 提供高校众创空间的长期战略方向

战略是实现愿景和目标的总体计划和方法,它需要考虑高校众创空间的内外部环境,制定适应性的策略,进行合理的资源配置。在高校众创空间环境中,可能涉及的战略问题包括:如何吸引和留住优秀的教师和导师,如何与企业和投资机构建立有效的合作关系,如何通过科技成果转化和创业项目孵化提高学校的社会影响力和经济效益,等等。高级领导小组的责任,就是要研究和解答这些问题,他们需要有高瞻远瞩的战略眼光、敏锐的洞察力、科学的决策方法及卓越的执行能力。

总的来说,战略领导小组的任务就是明确高校众创空间的使命、愿景和目标,并提供长期战略方向。战略领导小组是保证高校众创空间能够高效运行、持续发展的重要推动力,他们需要有足够的知识和经验,对高校众创空间的运行机制有深刻的理解,对教育、创新和创业有独到的见解,能够及时洞察环境的变化,制定有效的战略方案。战略领导小组还需要具备优秀的领导才能,能够激发团队潜能,促进各方合作,共同推动高校众创空间的发展。

二、日常管理

日常管理是高校众创空间高效运行的保障,涵盖了高校众创空间运营的方面。这项任务由专职或兼职的管理员承担,他们是空间的核心运营者,负责处理日常运营事务,如空间使用管理、设施维护、资源配置等。

(一) 空间使用管理

空间使用管理在高校众创空间日常管理中占据了关键的地位。管理员不仅要确保空间的公平使用,还要确保其被高效地利用,以实现高校

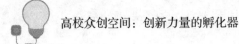

众创空间的使命和愿景。这项工作要求管理员具备强大的组织能力、敏锐的洞察力，对用户需求和空间资源有深入的理解。

在制定空间使用规则上，管理员需要考虑可能的使用情况和使用者的需求，细化每一个环节（如使用时段、使用权限、预约流程、使用费用等），使规则明晰、公正。管理员需要设计合理的空间预约系统，以公平地满足各类用户的需求，例如管理员可能需要为学生、教师、企业等不同类型的用户设定不同的使用时段和权限。管理员还需针对特殊设备或区域设置使用指南和使用限制，以确保设备的安全使用和维护。

管理员在调配空间使用的过程中，要充分了解和评估每一位使用者的需求，以便更好地为他们服务。管理员需要与使用者进行深入交流，了解使用者的工作内容、设备需求、空间需求等，以便合理安排空间使用，这便需要管理员有优秀的沟通和理解能力，以便准确把握每位使用者的需求。

管理员还需要定期进行空间使用情况的检查和更新。这是一项全面、系统的工作，管理员不仅要细心和耐心，还要有专业知识和实践能力。管理员需要定期检查空间的卫生状况、设备的使用情况、安全设施的完备性等，并及时发现和解决问题。例如，管理员可能需要定期检查电气设备的安全，清理过时的物品，更新破损的设施等。

空间布局的调整也是管理员的职责之一。管理员需要根据空间使用情况和用户需求，及时调整空间布局，使空间更好地服务用户。例如，管理员可能需要将一些不常用的设备移至人流较少的区域，有时也需要为新的设备开辟新的空间。

（二）设施维护

设施维护是高校众创空间日常管理中的一项重要任务，其目标是确保设施和设备都处于良好的工作状态，为用户提供安全、舒适和便利的使用环境。管理员在设施维护中扮演了关键的角色，他们需要精通各种设备的性能和操作方法,需要出色的问题解决能力以及对用户服务的热情和耐心。

在日常检查中,管理员需要检查设施的工作状态、环境安全、卫生状况等,确保设备和环境都能满足用户的使用需求。管理员需要对每一台设备进行细致的检查,包括设备的性能、工作状态、安全状况等。例如,管理员可能需要对3D打印机进行性能测试,对实验台进行安全检查,对空气质量进行监测,等等。

设施维护还包括设备的维修工作。对于任何出现故障的设备,管理员都需要尽快进行维修,以减少其对用户使用的影响,这就需要管理员有丰富的技术知识和实践经验,能快速准确地发现问题,找到解决方案。在一些复杂的情况下,管理员可能还需要联系设备的制造商或专业维修人员,以获得专业的帮助。

管理员还需定期更新设施,以满足用户的新需求,提高服务质量。设施的更新可能涉及购买新的设备、升级旧的设备、调整空间布局等。在这个过程中,管理员需要关注最新的技术动态,了解用户的新需求,进行科学的决策。例如,管理员可能需要购买新型的虚拟现实设备,升级电脑的操作系统,重新布置会议室,等等。

管理员还要对使用后的设备进行清理和整理,以保持空间的清洁和整洁。这是一项重要但容易被忽视的工作。管理员需要确保在每个用户使用完设备后,都能按照规定对设备进行清理和整理,以方便下一个用户的使用。

(三)资源配置

资源配置是高校众创空间日常管理的核心环节之一,决定了高校众创空间能否高效、有序地运行。管理员在资源配置中起到至关重要的作用,他们需要具备敏锐的洞察力、丰富的经验和科学的决策能力,以合理分配和利用空间、设备、资金、人力等各类资源,满足用户的多样化需求。

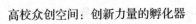

空间资源的配置是资源配置中的一项重要内容。空间资源包括物理空间，如办公区、会议室、实验室、展示区等。管理员需要根据用户的需求和空间的功能，科学地分配和利用空间资源，他们需要充分了解每一个空间的特性和优点，以便合理地匹配用户的需求。例如，管理员可能需要为需要安静环境的用户提供独立的办公空间，为需要大量设备的用户提供设备丰富的实验室，等等。

设备资源的配置也是管理员的职责之一。设备资源包括硬件设备，如电脑、打印机、实验设备等。管理员需要根据设备的性能和用途，合理地分配和使用设备资源，他们需要定期评估设备的使用状况，及时调整设备的配置，以满足用户的新需求。例如，管理员可能需要增加一些高性能的电脑，以满足用户对高效计算的需求；也可能需要减少一些不常用的设备，以节约资源。

在资金资源的配置上，管理员需要充分理解和评估每一个项目的需求和价值，以便科学地分配和使用资金资源。管理员需要制定明晰、公正的资金使用规则，以确保资金的公平使用，他们还需要定期审计资金的使用情况，及时调整资金的配置，以提高资源的使用效率。例如，管理员可能需要增加对创新项目的资金支持，以鼓励创新活动；也可能需要减少对低效项目的资金投入，以提高资金使用的效率。

人力资源的配置也是管理员的一项重要职责。人力资源包括员工和志愿者，他们是高校众创空间的重要支撑力量。管理员需要负责人力资源的招聘、培训、考核等工作，以建立和维持一个高效、和谐的团队，他们需要明确每一个角色的职责和期望，提供必要的培训和支持，以提高员工的工作效率和满意度。

（四）其他事务

在高校众创空间的日常管理中，除了空间使用管理、设施维护和资源配置等重要任务，管理员还需要处理许多其他事务。这些事务可能涵

第三章 高校众创空间的基本管理与运营模式

盖了用户服务、活动组织、沟通协调和数据分析等多个方面,对高校众创空间的运营和发展都有着重要影响。在处理这些事务时,管理员需要具备突出的工作能力、卓越的服务精神和深厚的专业知识。

在用户服务方面,管理员需要处理用户的问题和投诉,为用户提供服务和指导。管理员需要随时待命,对用户的疑问给予及时、准确、专业的回答,积极倾听用户的反馈和投诉,尽力解决用户的问题,提升用户的满意度。管理员需要具备良好的沟通技巧和服务精神,以便建立和保持良好的用户关系。

在活动组织方面,管理员需要组织和管理各类活动,如工作坊、讲座、比赛等。管理员需要根据用户的需求和兴趣,设计和组织各类活动,以激发用户的创新精神,提高用户的技能。管理员需要有扎实的专业知识和丰富的实践经验,以便指导和监督活动的进行。管理员需要有良好的组织能力和领导能力,以便有效地组织活动和管理人员。

在沟通协调方面,管理员需要与其他组织或个人进行沟通和协调,以建立和保持合作关系。管理员需要与政府部门、企业、高校、社团等各类组织进行积极的沟通,探索和开展各种合作项目。管理员需要具备高超的谈判技巧和公关能力,以便处理各种复杂的人际关系。

在数据分析方面,管理员需要收集和分析数据,以评估高校众创空间的运营状况和效果。管理员需要建立完善的数据收集和分析系统,以便全面、准确地了解高校众创空间的运行情况。管理员需要具备数据分析的知识和技能,以便从数据中提取有用的信息,为决策提供支持。

总的来说,管理员在高校众创空间的日常管理中扮演着重要的角色,他们需要全面、高效地处理各种事务,以保证高校众创空间的高效运行和持续发展。

三、教育指导

教育指导在高校众创空间的管理架构中扮演着重要的角色,它是帮

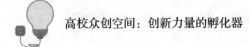

助学生、创业者和其他用户发展创新和创业技能的重要渠道。教育指导通常由教师、专业人士、行业导师、企业家等担任,他们具有丰富的专业知识、深厚的实践经验和高尚的教育情操,能为学生提供科学、个性化、有实效的教育服务。

(一)提供专业化指导

提供专业化指导是教育指导的一项重要任务。教育指导的目的是帮助学生理解和掌握各种专业知识和技能,通过全方位且具体的专业引导,教育指导者能够将他们的专业知识和经验转化为学生的学习成果。这种专业指导不仅涉及学生的基础教育、专业教育,还包括继续教育等多个层次,体现了教育指导的深度和广度。

教育指导者需要有扎实的专业基础,他们不仅需要掌握丰富的专业知识,还需要具备深厚的理论修养和丰富的实践经验。这种专业基础能够使教育指导者在教学过程中深入浅出地解释专业知识,帮助学生理解和掌握专业内容。教育指导者能够通过生动、形象、具体的教学方式,使复杂的专业知识变得简单易懂,使抽象的专业理论变得具体生动。

教育指导者需要掌握最新的专业动态,他们需要不断更新自己的知识库,紧跟专业发展的步伐,了解最新的科研成果、行业趋势、技术变革等。教育指导者需要通过阅读专业书籍、参加学术研讨会、与同行交流等方式,不断提升自己的专业素养。他们不断学习前沿的专业知识,提升专业素养,才能帮助学生了解最新的专业知识,提升学生的专业素养,满足学生的求知欲望。

教育指导者还需要有教育的热情和耐心,他们需要用心去关注每一个学生,关心学生的学习和生活。教育指导者需要鼓励和引导学生积极学习,提高学习效率。教育指导者需要有足够的耐心去听取学生的疑惑,解答学生提出的问题,帮助学生克服学习难题。教育指导者的教育热情和耐心能够激发学生的学习积极性,提升学生的学习效果。

第三章 高校众创空间的基本管理与运营模式

（二）帮助学生发展创新和创业技能

高校众创空间作为创新创业的"孵化器"，教育指导者需要承担引领学生发展创新和创业技能的责任，这些技能包括但不限于创新思维、团队协作、项目管理、市场营销、风险管理等。教育指导者不仅为学生的创新创业活动提供理论指导，还为学生提供实践应用的场景和机会，帮助学生将学到的知识转化为实际的创新创业项目。

发展创新思维是教育指导者的重要任务之一。教育指导者需要引导学生跳出固定的思维模式，鼓励学生从全局视角去审视问题，提出创新解决方案。教育指导者需要以开放、进取的态度，激发学生的创新精神和激情，培养学生的独立思考和问题解决能力。

团队协作是教育指导者需要关注的重点。教育指导者需要帮助学生理解团队的价值，培养学生的团队精神和协作能力。在高校众创空间的环境中，团队协作不仅包括项目内部的协作，还包括与外部组织和个人的协作。教育指导者需要利用自身的人际关系和沟通能力，为学生建立大的合作网络，增强学生的团队协作能力。

项目管理是另一个重要的创业技能。教育指导者需要指导学生如何有效地管理项目，包括项目的规划、执行、监控和收尾等环节。教育指导者需要提供实际案例和实践活动，使学生了解和掌握项目管理的具体步骤和技巧。教育指导者需要帮助学生理解项目管理的重要性，培养学生的责任感和主动性。

市场营销和风险管理也是教育指导者需要关注的领域。市场营销涉及如何推广项目、吸引用户、扩大市场等问题；风险管理涉及如何预防和处理项目的潜在风险。这两方面的技能对于创业项目的成功都有重要的影响。教育指导者需要有丰富的创新和创业经验，能够为学生提供具有针对性和实效性的指导。

（三）根据学生的个性和需求进行个性化指导

教育指导者需要根据每一个学生的个性和需求进行个性化的指导，这是因为每一个学生都有各自的特点和需求，包括学习风格、兴趣爱好、长期目标等。教育指导者需要以开放和尊重的态度，充分了解和接纳每一个学生的个性；需要有敏锐的洞察力，以捕捉到学生的需求和期待；需要有创新的教育思维，以设计和实施个性化的教育计划。

理解学生的个性和需求是个性化指导的基础。教育指导者需要通过与学生的交流，了解学生的学习风格、兴趣爱好、长期目标等个性化特征和需求。教育指导者需要关注每一个学生的成长和变化，及时更新对学生的了解。教育指导者需要敢于挑战传统的教育模式，尊重每一个学生的个性，尊重学生的选择和决定。

设计个性化的教育计划是个性化指导的关键。教育指导者需要根据每一个学生的个性和需求，制定适合学生的教育计划。这个计划应该明确学生的学习目标，选择适合的学习内容和方法，设定合理的学习进度。在设计计划时，教育指导者需要考虑学生的实际情况，包括学生的学习能力、时间安排、资源条件等。

实施个性化的教育计划是个性化指导的实践。教育指导者需要以高效、灵活的方式，帮助学生实现自己的学习目标。教育指导者需要监督学生的学习进度，及时调整教育计划；需要以富有激情和耐心的态度，鼓励和支持学生的学习；需要利用高校众创空间的资源和机会，为学生提供丰富、多元的学习体验。

四、合作伙伴

在一个高校众创空间中，建立强有力的合作伙伴关系和寻找赞助商，对创业成功至关重要，属于高校众创空间管理架构的重要部分。强有力的合作伙伴关系不仅能提供资源和支持，还是提升高校众创空间影响力

第三章 高校众创空间的基本管理与运营模式

和知名度的重要途径。这些合作伙伴主要包括行业企业、投资机构、校友等外部实体。

（一）行业企业

行业企业作为高校众创空间的重要合作伙伴，其地位和贡献不容忽视。作为商业活动的主导者和实践者，企业拥有丰富的实践经验和技术资源，可以提供多元化的支持以助力高校众创空间的繁荣和发展。

企业可以通过投资或赞助的方式，为高校众创空间提供必要的资金支持。这些资金可以用于购买和更新设备、改善设施、举办活动等，以提升高校众创空间的硬件条件和服务水平。企业也可为高校众创空间提供物质资源，如先进的设备、科研材料等，进一步增强高校众创空间的吸引力和功能性。

企业可以为高校众创空间的学生提供实习、就业和创业的机会。通过实习，学生可以亲身体验企业的工作环境，了解行业的发展动态，提升自己的职业素养和技能。通过就业，学生可以在企业中找到适合自己的职位，实现自身价值。通过创业，学生可以在企业的支持下，将自己的创新想法转化为实际的产品或服务，创造社会价值。

企业还可以为高校众创空间的学生提供丰富的学习和发展资源。企业的经验和知识是宝贵的教育资源，可以通过分享会、讲座、工作坊等形式，传递给学生。企业的员工和领导者可以作为导师或顾问，提供指导和建议，帮助学生解决学习和发展中遇到的问题。企业也可以与高校众创空间合作，共同举办各种活动，如比赛、展览、论坛等，以提升学生的参与感和学习效果。

综上所述，企业不仅能帮助高校众创空间提升服务质量，为学生提供更好的支持，也能通过这些活动，展现自身的社会责任感和公益精神，提升自身的品牌形象和社会影响力。因此，高校众创空间与企业的合作，是一种互利共赢的关系，对双方都有着重大的价值。

(二)投资机构

投资机构作为高校众创空间的合作伙伴,它的存在至关重要。投资机构提供的不仅仅是财务资源,还包括在资本市场积累的丰富经验、战略视野、业务联系及创业指导。这些都能帮助学生的创业项目从初创阶段稳健成长,成功转化为有商业价值的实体。

投资机构能为高校众创空间提供必要的资金支持,对于学生的创业项目来说显得尤为重要。通过投资,投资机构能帮助学生解决创业初期的资金问题,为学生提供进行初期研发、市场推广、团队建设等必要活动的资金保障。投资机构通常会根据项目的发展阶段、商业模式、市场前景等因素进行投资决策,对于被投资的学生创业项目来说,这是对项目价值的重要认可,也为其后续的发展打下了坚实的基础。

投资机构的专业知识和经验是宝贵的教育资源。投资机构在资本市场的操作经验以及对市场动态、风险管理、商业模式等的理解,都可以通过分享会、讲座、工作坊等形式传递给学生。这些经验和知识能帮助学生理解和掌握投资技能,为学生的创业活动提供有效的指导。投资机构的专业人士也可以作为导师或顾问,为学生提供一对一的指导和建议。

投资机构的联系网络也是高校众创空间能获取的重要资源。投资机构通常会与各行各业的企业、机构有广泛的联系,能为高校众创空间介绍更多的合作伙伴,如行业企业、技术研发机构、政府机构等,这对于高校众创空间的发展有着重要的推动作用。

(三)校友

校友是高校众创空间的重要合作伙伴,他们可以从多个方面为高校众创空间提供支持。校友的参与和贡献,对于高校众创空间的发展,以及学生的创新创业活动,都有着重大的价值。因此,高校众创空间需要积极与校友建立和维持联系,以获取更多的资源和支持。

第三章 高校众创空间的基本管理与运营模式

校友的物质支持是高校众创空间运营和发展的重要保障。许多成功的校友愿意回馈母校，他们可以通过捐赠资金、设备、技术等方式，为高校众创空间提供物质资源。这些资源可以用于改善高校众创空间的硬件设施，增强其运营能力，支持学生的学习和创业活动。例如，资金可以用于购买新的设备，设备可以用于升级工作空间，技术可以用于提高创新创业的效率。

校友的经验分享和指导对于学生来说是宝贵的教育资源。校友通常在社会上有着丰富的经验，他们在学业、职业、创新创业等方面积累了知识和技能，这些都可以通过讲座、分享会、工作坊等形式传递给学生。许多校友也愿意成为学生的导师，他们可以提供一对一的指导，为学生解答疑问，提供建议，帮助学生提升创新创业能力。

校友的联系网络也是高校众创空间能获取的重要资源。校友通常会在各行各业建立广泛的联系，他们可以帮助高校众创空间接触到更多的合作伙伴，如行业企业、投资机构、政府机构等。这些联系可以为高校众创空间提供更多的资源和支持，推动其发展。

（四）政府

政府能为高校众创空间提供诸多支持和便利，如政策扶持、资金援助、设施服务等。

政策是政府对高校众创空间最直接的支持方式。政府可以制定一系列鼓励创新创业的政策，为高校众创空间提供有力的法规保障。这些政策可能涉及创业项目的扶持、税收优惠、知识产权保护、商业许可简化等多个方面，能为高校众创空间和在此创业的团队创造一个友好的运营环境。例如，政府可以为高校众创空间提供资金扶持，减轻其运营压力；政府也可以为高校众创空间的创业项目提供税收优惠，降低学生的创业成本。

政府是高校众创空间的重要资金来源。政府可以通过各类基金、补助、贷款等方式，为高校众创空间提供必要的资金支持。这些资金可以用于高校众创空间的设备购买、空间改造、人员招聘、项目投资等各项运营活动。例如,政府可以设立专门的创新创业基金,为高校众创空间提供启动资金;政府也可以通过补助或贷款的方式,为高校众创空间的扩大和发展提供资金支持。

政府还可以为高校众创空间提供多种设施服务。政府拥有丰富的公共资源,如土地、建筑、设施、数据等,这些资源可以为高校众创空间的运营提供支持。例如,政府可以为高校众创空间提供地理位置优越的场地,增加其公众曝光率;政府也可以将公共设施开放给高校众创空间使用,扩大其服务范围。

第二节　高校众创空间的职责分工

高校众创空间的职责分工包括高校本身的职责、高校众创空间管理员的职责、教育指导者的职责和合作伙伴赞助商的职责,如图 3-2 所示。

图 3-2　高校众创空间的职责分工

一、高校本身的职责

在高校众创空间的体系中,高校作为高校众创空间的主导机构,肩负着一系列重要的职责。高校不仅要为高校众创空间提供物理空间和资源支持,还要为学生提供创新创业的教育、指导和支持,也需要协调各方资源,维护高校众创空间的运营,以推动其持续、健康地发展。

第三章 高校众创空间的基本管理与运营模式

(一) 提供创新创业教育的职责

高校作为重要的教育机构,在高校众创空间中扮演一个决定性的角色。高校的首要职责是提供创新创业教育,构建一个培育新思维和新理念的"孵化器"。作为学生面向创新创业的第一站,高校需要在课程设计、教学方法和教学资源等方面做出积极的改变和创新,以适应并推动创新创业的发展。

在课程设计方面,高校需要结合学科特色和创新创业的需求,设计一系列与创新创业相关的课程。这些课程不仅包括基础的创新创业理论,还包括实用的创新创业技能,如设计思维、创新方法、商业模式、市场分析、风险管理等。这些课程还需要涵盖创新创业的全过程,包括机会识别、创新设计、商业计划、项目管理、团队建设等。这样的课程设计,可以帮助学生全面理解和掌握创新创业的知识和技能,提高学生的创新创业能力。

在教学方法方面,高校需要引入更加生动灵活、鼓励互动、注重实践的教学方法,以提高学生的学习兴趣和学习效果。这里的教学方法包括案例教学、实践教学、项目教学、团队教学、在线教学等。案例教学可以帮助学生理解和分析实际的创新创业案例,提升学生分析问题和解决问题的能力;实践教学可以让学生亲身参与创新创业活动,获取真实的体验和感悟;项目教学可以让学生在完成具体的任务和项目中,学习和运用创新创业的知识和技能;团队教学可以让学生在团队合作中,提升团队协作能力和领导能力;在线教学可以利用网络和数字技术,提供更加丰富多样的学习资源和学习方式。

在教学资源方面,高校需要积极引入和整合各种与创新创业相关的教学资源,包括教材、网络课程、讲座视频、案例库、模拟软件、专家指导等。这些教学资源可以提供更多的学习内容和学习方式,满足学生的多样化学习需求。此外,高校还可以通过与社会各界(如企业、投资机构、政府等）建立合作关系，引入更多的实践资源（如实习基地、创业项目、投资机会、创新赛事等）。这些实践资源可以提供更多的实践机会和实践平台，帮助学生将学到的知识和技能运用到实际的创新创业活动中。

（二）提供必要的空间和设备支持

在创新创业的过程中，高校应创建一个充满活力、充满创意的学习环境，使学生有足够的空间进行工作、学习和交流。高校也需要提供必要的设备和工具，这些设备和工具不仅包括通用的计算机和打印机，还包括特定领域的专业设备，如生物实验室的显微镜、工程实验室的3D打印机、设计工作室的绘图板等。

为了满足高校众创空间的使用需求，高校需要精心规划和布局空间。高校需要提供足够的工作空间，让学生有充足的空间来开展他们的创新项目，这个空间应该是开放和灵活的，可以根据项目的需要进行快速和便捷的调整。高校需要提供适合学习和交流的空间（包括阅读区、会议室、报告厅等），这些空间应该是安静和舒适的，让学生可以专心学习和交流。高校还可以提供一些休闲空间（如休息室、咖啡厅、健身房等），让学生在忙碌的学习和工作之余，可以放松身心，恢复精力。

在设备配置方面，高校需要根据学生的创新创业活动的需求，提供必要的设备和工具。这些设备和工具应该是先进和实用的，可以满足学生的技术需求，支持学生的创新项目。高校也需要定期维护和更新这些设备和工具，保证其性能和稳定性。高校还需要提供一些辅助设施（如高速的网络连接、稳定的电源供应、便捷的打印和复印服务等），为学生的学习和工作提供便利。

（三）组织和推动各类创新创业活动

在高校的职责中，另一个重要职责是组织和推动各类创新创业活动。通过这些活动，学生能够有机会展示自己的创新成果，学习新的创新知

第三章 高校众创空间的基本管理与运营模式

识、交流创新经验。活动的类型可以多样，包括但不限于创新创业比赛、讲座、工作坊、创业训练营等。

创新创业比赛是一个极好的机会，能够让学生展示他们的才华和技能，也能够让他们收获关于创新和创业的实践经验。通过参与比赛，学生可以在实际操作中学习如何将理论知识应用于实践，如何在团队中有效合作，如何解决现实问题。这些对于学生的个人发展和职业发展都有极大的帮助。

讲座和工作坊也是重要的学习和交流平台。通过这些活动，学生可以接触到新的创新理论和技术，听到来自不同领域和背景的专家和行业领袖的见解和建议，与同伴和导师进行深入的讨论和交流。这些对于学生拓宽视野、提升能力、建立人脉网络都有重要的作用。

创业训练营是一个集训练、辅导、挑战于一体的活动。在这个活动中，学生可以接受系统的创业教育，得到来自导师的个性化指导，可以参与到各种挑战和任务中，体验创业的压力和乐趣，提升自己的创业技能和素质。

高校需要与社会各界（包括企业、投资机构、政府等）建立广泛的合作关系，这样可以引入外部的资源和支持（如资金、技术、市场、人才等），增强高校众创空间的社会影响力和服务能力，为学生提供更多的实践机会和发展机会。高校需要有开放和合作的精神，主动寻求和接受各种合作，以满足高校众创空间的需求，为学生的创新创业活动提供更好的支持和服务。

（四）进行高校众创空间的协调和管理工作

在高校众创空间的运营中，高校还需要承担协调和管理的职责。这个职责非常重要，因为它涉及如何有效地整合和调动内外部的资源和力量，如何公平、公正、有效地运营高校众创空间，如何提升高校众创空间的运营效果。

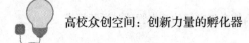
高校众创空间：创新力量的孵化器

高校协调内部的教师、学生、管理员等各方资源和力量，是高校运营高校众创空间的基础。每个人都有自己的能力和专长，都能为高校众创空间的运营贡献自己的一份力量。教师可以提供教育指导和技术支持；学生可以参与到创新创业活动中，展现自己的才华和创意；管理员可以提供日常管理和服务保障，确保高校众创空间的正常运作。高校需要有明确的角色分工和职责定义，需要有良好的沟通和合作机制，需要尊重和激发每个人的主观能动性，共同推进高校众创空间的运营。

高校协调外部的合作伙伴和赞助商，是高校提升高校众创空间影响力和服务能力的重要途径。高校众创空间不仅是学校内部的一个平台，也是学校与社会之间的一个桥梁。高校需要积极与企业、投资机构、政府等外部实体建立合作关系，引入更多的资源和支持。这不仅可以改善高校众创空间的硬件设施和软件服务，也可以为学生提供更多的实践机会和发展机会。在此过程中，高校需要有开放和合作的态度、有长远和战略的眼光、创新和灵活的策略。

高校制定和调整高校众创空间的规章制度和运营策略，是高校保证高校众创空间公平、公正、有效运营的关键。规章制度是高校众创空间的基本框架，它规定了高校众创空间的运作方式、行为准则、权利义务等，对于维护高校众创空间的秩序、保护高校众创空间的利益有重要的作用。运营策略则是高校众创空间的灵魂，它决定了高校众创空间的发展方向和路径，影响了高校众创空间的运营效果。高校需要根据高校众创空间的定位和目标，结合内外部的环境和条件，科学制定和调整规章制度和运营策略，实现高校众创空间的持续发展。

（五）承担对社会的责任

高校作为社会科技创新的重要基地和人才培养的主要阵地，除了对内部学生和教职工承担教育和培养的职责，对外部社会也承担着重大的责任。高校需要把科研和人才培养的成果转化为直接推动社会经济发展

第三章 高校众创空间的基本管理与运营模式

的力量,尤其在高校众创空间的建设和运营中,高校更需要履行好对社会的责任。

高校需要积极引导和支持学生的创新创业活动,这是高校履行社会责任的主要途径。在高校众创空间中,高校可以为学生提供各种创新创业的机会和资源,例如开设创新创业课程、提供创新创业训练、举办创新创业比赛、开放创新创业实验室等。这些活动不仅可以激发和培养学生的创新精神和创业能力,也可以鼓励学生将学校的科研成果和创新思想转化为实际的产品和服务,从而为社会经济发展做出贡献。

高校需要推动科技成果的转化和应用,这是高校履行社会责任的重要手段。高校众创空间可以作为科技成果转化的一个平台,提供科技成果展示、技术转移、技术咨询等服务,帮助科研成果从实验室转化到市场,从理论转化到实践。在这个过程中,高校需要有一套完整和有效的科技成果转化机制(包括科技成果的评估、保护、推广、转让等环节),还需要有一支专业和高效的科技成果转化团队,以及一种良好的科技成果转化文化和环境。

高校需要服务社会经济发展,这是高校履行社会责任的重要目标。高校众创空间可以作为高校服务社会的一个窗口和桥梁,连接学校和社会,沟通科技和经济,促进知识和价值的交流和传播。在高校众创空间中,高校可以组织各种社会服务活动(如科技咨询、技术培训、公共讲座等),为社会提供科技服务,传播科技知识,增强科技影响力,提升社会效益。

二、高校众创空间管理员的职责

高校众创空间管理员的职责是多方面的,涵盖了空间运营管理、资源协调、用户服务、活动组织、数据收集与分析等众多环节。

(一)空间运营管理

空间运营管理是高校众创空间管理员的核心职责。作为高校众创空间的日常管理者，管理员需要保证空间运行的各个方面都能顺利进行。

设备的良好状态是创新创业活动能够正常进行的基础。无论是电脑、3D打印机等常规设备，还是专业的科研设备、创新实验设备等，都需要得到妥善的维护和管理。管理员需要定期检查设备的使用情况，及时处理设备的故障和损坏，以避免其给用户的使用带来影响。管理员也需要对设备的使用进行管理（如设定设备的使用规则、协调设备的使用冲突等），以保证设备的公平使用。

空间的整洁卫生直接影响到用户的使用体验和高校众创空间的形象。管理员需要定期进行清洁工作，确保空间的卫生和整洁。这不仅包括地面、桌面等常见区域的清洁，还包括设备、工具等特殊区域的清洁。管理员需要制定清洁计划，合理分配清洁工作，保证空间的全面整洁。管理员也需要引导用户养成良好的卫生习惯（如不乱丢垃圾、不在非指定区域食用食物等），以维持空间的长期整洁。

保证各类活动的顺利进行也是管理员的责任。高校众创空间经常会举办各种活动（如讲座、研讨会、创新比赛等），这些活动的组织和顺利进行需要管理员的大力支持。管理员需要提前进行活动的准备工作（如场地布置、设备检查等），保证活动能够顺利进行。活动期间，管理员需要协调各方资源，处理各种突发情况，保证活动的正常进行。活动结束后，管理员需要进行活动的收尾工作（如清洁场地、归还设备等），恢复空间的正常使用。

（二）资源协调

资源协调是高校众创空间管理员的重要职责。作为高校众创空间的运营者，管理员需要协调内部和外部的各类资源，确保高校众创空间的顺利运行和发展。

在内部资源方面，高校众创空间管理员需要管理和调度人力资源、设施资源、财务资源等。人力资源是高校众创空间运行的关键，包括管

第三章 高校众创空间的基本管理与运营模式

理人员、教师、志愿者等，管理员需要合理安排人力资源，确保各项工作的顺利进行。设施资源（如空间、设备、工具等），也需要管理员的精心管理，以满足用户的使用需求。财务资源的管理则关乎高校众创空间的经济效益和可持续发展。管理员需要规划和监控预算，合理分配资源，以实现经济效益的最大化。

在外部资源方面，管理员需要与高校众创空间的合作伙伴、赞助商、政府等进行协调，引入更多的支持和资源。合作伙伴可以提供资金支持、设备捐赠、技术支持等，管理员需要通过合作谈判、合约管理等手段，维护和发展合作关系。赞助商通常是企业或个人，他们可以通过赞助活动、捐赠资源等方式，支持高校众创空间的运行和发展，管理员需要与赞助商保持良好的关系，及时了解和满足赞助商的需求。政府也是高校众创空间的重要资源提供者，可以提供政策支持、资金支持等，管理员需要关注政策动态，积极获取政府的支持和资源。

总的来说，资源协调是一项需要综合能力的工作。管理员需要有良好的人际交往能力、谈判能力、组织能力、决策能力等，才能成功完成资源协调的任务。管理员还需要有广阔的视野，及时发现新的资源和机会，以适应高校众创空间的发展需要。

（三）用户服务

作为高校众创空间的"前线工作人员"，管理员需要以用户为中心，提供优质的服务，帮助他们解决使用空间过程中可能遇到的各种问题。

为用户解答问题是管理员的基本职责。无论是关于设备的使用问题、活动参与的流程问题，还是关于资源获取的途径问题，管理员都需要及时、准确、耐心地回答。为了做到这一点，管理员需要熟悉高校众创空间的各项规则和流程，掌握相关的知识和信息，还需要具备良好的沟通能力和服务态度。

提供指导是管理员的重要职责。对于一些创新创业的新手，他们可

能对创新创业的流程、技巧、策略等感到困惑，需要有人进行指导和支持。管理员需要根据用户的需求和状况，提供合适的指导和建议。这需要管理员不仅要了解创新创业的理论和实践，还要理解和尊重用户的个性和需求。

处理投诉是管理员的又一重要职责。高校众创空间的运行过程可能会出现各种问题和矛盾（如设备故障、活动冲突、资源争抢等），用户可能会因此投诉。管理员需要接受并认真处理这些投诉，及时解决问题、调和矛盾，维护用户的权益和高校众创空间的秩序。

总的来说，用户服务是高校众创空间管理员的核心职责，也是评价其工作质量的重要标准。管理员需要将用户的需求和满意度放在首位，始终从用户的角度出发，提供高效、专业、热情的服务。管理员还需要不断学习和提升，以适应高校众创空间的发展需求和用户的期待。

（四）活动组织

管理员需要策划和执行各种活动（如讲座、工作坊、比赛等），以提升高校众创空间的活跃度，扩大其在学生群体中的影响力，激发和培养学生的创新创业能力。

讲座是一种常见的活动形式。讲座可以邀请业界专家、成功的创业者或学术界的研究人员，来分享他们的知识、经验和见解，为学生提供学习机会和启发。管理员在策划讲座时，需要考虑讲座的主题、讲师、时间、地点等各个因素，以确保讲座的质量和效果。管理员还需要在讲座结束后进行反馈收集和总结，以不断改进和优化讲座活动。

工作坊是另一种常见的活动形式。工作坊通常以实践和体验为主，让学生在实际操作中学习和成长。管理员在组织工作坊时，需要考虑工作坊的内容、导师、设备、材料等因素，以确保工作坊的顺利进行。管理员也需要在工作坊结束后进行效果评估和反思，以提升工作坊的效果和价值。

第三章　高校众创空间的基本管理与运营模式

比赛也是提升高校众创空间活跃度的有效手段。比赛可以激发学生的竞争精神，提升他们的技能，同时，比赛这种方式能够让更多的人了解和关注到高校众创空间。管理员在组织比赛时，需要考虑比赛的主题、规则、评审、奖项等各个环节，以确保比赛的公平、公正及趣味性。管理员还需要在比赛结束后进行总结和反思，以提升比赛的质量和影响力。

（五）数据收集与分析

管理员需要收集高校众创空间的各项数据（如用户数量、活动数量、设备使用情况等），并进行深入分析，以了解高校众创空间的运营状况，发现潜在的问题，不断改进管理策略。

在收集数据时，管理员需要具备足够高的信息敏感度和敏锐的观察力。用户数量是评估高校众创空间使用率的基本指标，包括每天、每周和每月的用户数量，以及不同时间段的用户分布情况等。活动的数量和种类可以反映高校众创空间的活跃度和影响力，包括各类讲座、工作坊、比赛的举办情况以及参与人数、反馈情况等。设备使用情况可以反映高校众创空间的设备需求和状况，包括各类设备的使用频率、使用人数、损坏与维修情况等。

在分析数据时，管理员需要具备过硬的数据分析能力和问题解决能力。管理员需要对收集到的数据（如用户数量的变化趋势、活动的影响、设备的使用效率等）进行深入的分析，从而了解高校众创空间的运营状况。管理员也需要从数据中发现潜在的问题（如用户数量的下降、活动的反馈差、设备的损坏频繁等），从而及时地进行改进和优化。

综上所述，数据收集与分析是高校众创空间管理员工作的重要组成部分，需要管理员具备良好的观察力、分析能力和解决问题的能力。管理员还需要持续关注高校众创空间的运营情况，通过数据驱动的方式，进行科学的管理和优化，以提升高校众创空间的运营效率和服务质量。

高校众创空间：创新力量的孵化器

三、教育指导者的职责

教育指导者在高校众创空间中扮演着重要的角色，他们的职责既广泛又具体。他们是教育者，负责传授知识和技能，提供学习指导，激发学生的学习兴趣和学习激情。他们是指导者，负责协助学生制定学习计划，提供学习策略，解决学习困难，保障学生的学习进展和学习效果。他们还需要与其他教育工作者、学生和家长等进行有效的沟通和合作，以建立和维护良好的教育环境。

（一）提供全方位的教育

高校众创空间的教育指导者的核心职责落在对学生的教育上。这种教育涉及的范围广泛，既包括专业知识的教授，也包括对学生创新思维和创业技能的培养。

教育指导者需要拥有深厚的专业知识和技能，这是教育指导者的基本要求。教育指导者需要对自己所教授的领域有深入的理解，可以准确、清晰地传递专业知识，解答学生的疑问，引导学生探索问题的深度和广度。教育指导者是学术知识的灯塔，是学生学术疑问的解答者和学术视野的拓宽者。教育指导者以专业知识为基础，以专业技能为工具，引导学生在学术的大海中探索和冲浪，帮助学生建立正确的学习观，形成有效的学习方法，获取丰富的学习成果。这种深厚的专业知识和技能，不仅需要教育指导者在学术上有持续的学习和研究，保持对最新技术和理论的掌握，还需要他们在教学上有丰富的经验和高效的方法，保持对最新教学模式和教学技巧的了解。教育指导者需要时刻更新自己的学术库和教学工具箱，才能引领学生跟上时代的步伐，满足学生的学习需求。

教育指导者需要有出色的教学能力，能够通过各种教学方法和手段，将知识和技能有效地传授给学生。这里的教学能力包括：清晰、有条理的讲解能力，能够用通俗易懂的语言解释复杂的专业概念；生动、形象

第三章 高校众创空间的基本管理与运营模式

的示范能力,能够通过实例和实验,展示知识和技能的应用;丰富、实用的实践能力,能够设计和指导实践活动,让学生在动手操作中体验学习,增强理解和记忆。如果运用形象的比喻,教育指导者便是知识的传播者、技能的示范者和实践的指导者。教育指导者以讲解为引、示范为绳、实践为砥,引导学生在知识的道路上前进,帮助学生在技能的田野上耕耘,支持学生在实践的沙滩上踏步。教育指导者不仅教学生知道是什么,更教学生理解为什么,甚至教学生掌握怎么做。教育指导者的教学内容既有知识的广度,也有知识的深度;既有技能的基础,也有技能的提升;既有实践的基础,也有实践的创新。

教育指导者需要激发学生的学习兴趣和学习激情。对于学生来说,有趣的学习体验往往更能激发他们的学习动力。因此,教育指导者需要掌握一些教学策略,例如设定有挑战性的学习目标,让学生有成就感;设计富有创新的学习活动,让学习过程充满乐趣;展示学生的学习成果,让学生看到自己的进步,从而增强学生的学习信心和动力。

(二)提供个性化的指导和支持

教育指导者作为学生学习过程中的重要支持者,他们的另一核心职责是提供个性化的指导和支持。这种个性化的指导和支持是对每个学生独特的学习需求、学习能力和学习目标的认识和回应,是对每个学生不同的学习风格、学习效率和学习难点的理解和适应。

教育指导者需要了解每个学生的学习情况和学习需求。教育指导者需要通过观察和交谈,了解学生的学习风格和学习效率,发现学生的学习难点和学习潜能,掌握学生的学习兴趣和学习动机。教育指导者需要对学生进行全面的评估(包括知识的评估、技能的评估、态度的评估、习惯的评估等),形成对学生的全面认识,找到符合学生特点的教育策略。基于对学生的了解,教育指导者需要为每个学生制定适合的学习计划,提供有效的学习策略。学习计划是学生学习的路线图,需要明确学

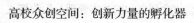

习的目标、安排学习的时间、选择学习的内容、确定学习的方法等，以确保学习的有序性和高效性。学习策略是学生学习的工具箱，需要包含解决问题的策略、理解知识的策略、提高技能的策略、调控情绪的策略等，以应对学习中遇到的各种挑战。

教育指导者需要密切关注学生的学习进展，及时发现和处理学习问题。教育指导者需要对学生的学习成果进行及时的评价和反馈，让学生认清自己的优点和不足，调整自己的学习方法和态度。教育指导者需要对学生的学习问题进行及时的解答和帮助，让学生在解决问题的过程中增强自信和毅力。

教育指导者还需要教育学生如何学习，培养学生的自主学习能力。教育指导者需要教授学生有效的学习方法（如主动学习、合作学习、反思学习等），让学生掌握学习的技巧。教育指导者需要培养学生良好的学习习惯（如定时学习、专心学习、持续学习等），让学生形成稳定的学习节奏和状态。教育指导者需要提高学生的学习效率（如策略学习、深度学习、转移学习等），让学生得到更多的学习收益。

总之，教育指导者的个性化指导和支持是教育指导者的专业素养和人文关怀的体现，是学生的学习需求满足和学习目标实现的保障。通过这样的个性化指导和支持，教育指导者可以帮助学生找到适合自己的学习方式，克服学习上的困难，激发学习上的激情，实现学习上的成功。

（三）进行有效的沟通和合作

教育指导者的有效沟通和合作，对于提高教育质量，促进学生的全面发展，具有重要的作用。通过这样的沟通和合作，教育指导者可以和其他教育工作者、学生和家长共同创建一个支持、尊重、信任的学习社区，共同实现教育的目标，共同庆祝教育的成功。

教育指导者需要与其他教育工作者进行有效的沟通和合作。这种合作的基础是信息的共享和交换。通过交流，教育指导者和其他教育工作

第三章 高校众创空间的基本管理与运营模式

者可以共享自己的专业知识、教学经验,以及对学生的观察和理解。教育指导者和其他教育工作者还需要共享教学资源、课程设计和教学反馈,以便提升教学质量和教学效果。这种信息的共享和交换可以帮助教育指导者和其他教育工作者更全面地理解和评价教育工作,从而更好地满足学生的学习需求,促进学生的全面发展。在合作中,教育指导者和其他教育工作者需要协调工作的安排和实施,包括协调教学计划和教学活动,以保证教育工作的顺利进行。教育指导者和其他教育工作者还需要协商问题的解决和决策。在面对教育工作中遇到的各种难题和挑战时,教育指导者和其他教育工作者需要通过集体的智慧,找出合适的解决方案。通过这种协调和协商,教育指导者和其他教育工作者可以共同面对教育工作中遇到的压力和挑战,努力实现教育的目标。在这个过程中,教育指导者和其他教育工作者需要建立和维护良好的关系,需要尊重他人的观点和建议,尊重人们的权利和需求;需要互帮互助,帮助他人,接受他人的帮助,分享自己的成功和失败;需要团结,共同应对困难、追求进步、庆祝成就;需要创造一个友好、互助、高效的工作环境,以便于自身和学生的发展和进步。

教育指导者需要与学生进行有效的沟通和互动。这种沟通和互动的目的是了解和满足学生的学习需求,支持和促进学生的学习和发展。因此,教育指导者需要倾听学生的声音,了解学生的想法和感受,理解学生的需求和期待,尊重学生的选择和决定。教育指导者需要回应学生的问题,解答学生的疑惑,满足学生的好奇心,激发学生的学习兴趣。教育指导者需要鼓励学生积极参与,提供学生表达和展示的机会,赞扬学生的努力和进步,肯定学生的成就和贡献。在这个过程中,教育指导者需要建立和维护良好的师生关系,需要尊重学生,尊重学生的个性和特点,尊重学生的权利和需求,尊重学生的选择和决定;需要关心学生,关注学生的情感和需求,关注学生的困扰和困难,关注学生的爱好和梦想;需要支持学生,支持学生的学习和发展,支持学生的探索和创新,支持学生的努力和成就；需要提供一个支持、尊重、信任的学习环境，让学生感到安全、自信、满意，从而更好地发展和进步。

教育指导者需要与家长进行有效的沟通和合作。这种沟通和合作的目的是共享学生的学习信息，获取家长的支持和参与，促进学生的全面发展。因此，教育指导者需要与家长分享学生的学习信息，包括学生的学习进度、学习成绩、学习问题、学习需求及学习策略。教育指导者需要让家长了解学生在学校的学习状况，感受学生的进步，提升家长的参与感和满意度。教育指导者需要倾听家长的想法，理解家长的期待，接受家长的建议，满足家长的需求。教育指导者需要获取家长的支持，让家长为学生的学习和发展提供更多的帮助和资源，形成家校共育的良好局面。在这个过程中，教育指导者需要建立和维护良好的家校关系，需要尊重家长，听取家长的意见和建议，尊重家长的权利和需求；需要关心家长，关注家长的期待和困扰，关注家长的参与感和满意度；需要与家长合作，共享教育的责任和成果。

四、合作伙伴赞助商的职责

合作伙伴赞助商也扮演着至关重要的角色。合作伙伴赞助商的职责不仅包括提供资金，也包括提供一系列与他们的专业领域相关的支持。

（一）资金赞助

赞助商在资金赞助方面的职责是多方面的，可以分为直接资金赞助和间接资金赞助两大类。

在直接资金赞助方面，赞助商承担着为组织或活动提供必要资金的责任。这些资金可以直接用于各个方面，从组织的日常运营到特定项目的实施都可能需要这些资金的支持。这种资金投入包括但不限于支付员工薪水、租赁或购买设施、采购设备、举办市场推广活动等。这些资金还可以用于组织或活动的发展和扩展，包括但不限于开发新的产品或服

第三章 高校众创空间的基本管理与运营模式

务、提升已有产品或服务的质量、扩大市场覆盖范围、增加客户基础等。这些资金还可能用于应对组织可能面临的风险和挑战，如市场波动、竞争压力、技术更新等。

在间接资金赞助方面，赞助商可能会以提供商品或服务的形式赞助。这种赞助方式通常被称为实物赞助或以物换物。例如，赞助商可能会提供他们的产品（如电脑硬件、软件许可证、办公用品、食品和饮料等）作为赞助，也可能会以他们的服务（如广告服务、咨询服务、培训服务、技术支持服务等）作为赞助。这种形式的赞助对于组织来说具有很大的价值，可以帮助组织节省现金成本，因为它减少了组织需要购买的商品或服务的数量；可以帮助组织提高工作效率，因为它提供了组织可能没有的资源或能力；还可以帮助组织提高服务质量，因为它提供了高质量的商品或专业的服务。

总的来说，赞助商给予资金赞助的意义是深远和广泛的，他们的赞助不仅提供了组织在经济上所需的支持，还提供了组织在运营、发展、应对挑战等方面所需的支持。这就使赞助商成为组织或活动成功的重要合作伙伴。

（二）提供专业知识和建议

赞助商在提供专业知识和建议方面的职责对于合作组织的成功至关重要。赞助商的贡献不仅能够增强组织的技术能力和商业能力，还能够帮助组织获取重要信息，应对各种问题和挑战。因此，赞助商是组织的重要伙伴，对于组织的发展有着深远的影响。

赞助商的专业知识在很多方面都可能被合作组织所利用。例如，赞助商可以提供有关产品设计、制造过程、技术应用等领域的技术建议和指导，从而帮助组织优化产品和服务，提高其市场竞争力；赞助商可以分享有关市场营销、客户关系管理、品牌建设等领域的商业见解，从而帮助组织更好地理解市场、吸引和保留客户、提升品牌价值；赞助商还

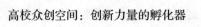

可以建议和引导组织改进工作流程、提高工作效率、改善工作环境，从而提升组织的运营效率和员工满意度。

赞助商的信息提供也是极其重要的。由于赞助商在行业中的地位和所拥有的资源，他们能获取到许多组织难以得知的信息，如市场趋势、竞争对手情况、新技术发展等。这些信息对于组织制定策略、作出决策具有重要的参考价值。例如，通过了解市场趋势，组织可以及时调整产品和服务，以满足市场的变化需求；通过了解竞争对手的情况，组织可以针对性地制定竞争策略，以提升其市场地位；通过了解新技术的发展，组织可以提前布局，以获取先发优势。

赞助商提供的专业知识和建议还能够帮助组织在面对困难和挑战时找到解决方案。例如，赞助商可以为组织提供有关法规遵守、风险管理、危机处理等领域的指导和建议，帮助组织妥善处理各种复杂的问题和情况。

（三）开展推广活动或创办推广组织

赞助商在开展推广活动或创办推广组织方面的职责，对于提高合作组织的公众知名度、扩大其社会影响力、增强其市场竞争力具有关键作用。赞助商的贡献使赞助商成为组织的重要合作伙伴，对于组织的发展和成功有着深远的影响。

在公共活动中代表组织是赞助商的一个主要职责，可以通过各种形式实现，例如参加新闻发布会、行业大会、社区活动等。在这些公共活动中，赞助商有机会向大众广泛传达组织的目标、活动和成果。赞助商不仅可以向公众传播组织的信息，还可以利用自身的影响力和知名度，来赢得公众对组织的信任和支持。这种在公共场合的出席，也有助于提升组织的社会形象，扩大其影响力，从而使组织能够更好地实现其目标和愿景。

赞助商也可以利用自己的营销渠道和技巧，来宣传和推广组织的活动和项目，例如赞助商可以通过广告、社交媒体、官方网站等媒介，将

第三章 高校众创空间的基本管理与运营模式

组织的信息快速传播出去，让更多的人了解和关注组织。赞助商的推广活动因为赞助商的品牌信誉和市场影响力，通常会受到公众的高度关注和积极响应。这样的推广不仅提高了组织的市场知名度，也增加了组织的市场吸引力，使组织能更好地与目标群体建立联系，拓展其市场份额。

赞助商还可以通过他们的产品和服务，向消费者传达组织的信息，例如可以在产品包装、服务流程、客户交流等环节，融入组织的标志、信息、故事等元素，这种方式使消费者在享受产品或服务的过程中，能够直接了解、接触、感受到组织的存在和价值。这种方式也使组织的信息和价值得到了持续、深入、广泛的传播和体验，从而增强了组织的品牌形象，提高了其客户忠诚度，促进了其长期的稳定发展。

（四）密切关注赞助项目或活动进程

赞助商需要密切关注他们所赞助的项目或活动的进展，并对其提供持续的支持。这可能需要赞助商参加定期的会议，接收和审查进度报告，甚至参与项目的决策过程。这种持续的参与和支持可以帮助赞助商确保他们的投资得到良好的利用，也可以帮助他们与组织建立更紧密的关系。

赞助商参加项目或活动的定期会议，不仅是出于了解和监督的需求，更是一个为项目或活动提供持续指导和支持的重要机会。在会议中，赞助商可以通过直接交流，深入理解项目的具体实施情况，发现可能存在的问题和挑战，并提供宝贵的建议和解决方案。这些会议也为赞助商提供了观察和评估项目团队的工作表现和团队动态的机会，这对于赞助商全面了解和评价项目的质量和影响有着重要价值。通过参加会议，赞助商也可以展现他们对项目的重视和支持，增进与项目团队的信任和合作关系，推动项目的顺利进行和成功实现。

赞助商接收和审查项目的进度报告，不仅是一种项目管理和监控的方式，更是一种深入了解和评估项目成效的重要方式。通过仔细阅读和深入分析这些报告，赞助商可以了解到项目在各个方面的详细情况（包括任务完成情况、成果产出情况、效果评估情况等），从而对项目的质量和价值有一个科学、全面、客观的评价。通过审查报告，赞助商也可以发现项目可能存在的问题和风险，提前进行预警和应对，防止项目出现偏差和失败。这种报告审查工作，既是赞助商对自身投资的保护和管理，也是他们对项目成功的贡献和保障。

赞助商参与项目的决策过程，不仅是一种影响和控制项目的方式，更是一种深入参与和体验项目的机会。通过参与决策，赞助商可以直接影响项目的方向、策略和措施，使项目更好地符合他们的期望和需求，更高效地实现他们的目标和利益。通过参与决策，赞助商也可以深入了解和体验项目的实践和探索情况，提高他们的知识水平和能力，增强他们的满足和成就感。这种决策参与工作，既是赞助商对项目成功的直接影响和贡献，也是他们对自身成长和发展的重要投资。

第三节　高校众创空间的管理流程

一、设立和规划

设立和规划是高校众创空间管理流程的第一步，涉及明确目标、筹备资源、制定程序、发展规划四个方面，如图3-3所示。

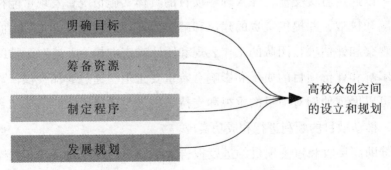

图3-3　高校众创空间的设立和规划

第三章 高校众创空间的基本管理与运营模式

（一）明确目标

在明确高校众创空间的目标时，我们需要先理解什么是高校众创空间。高校众创空间通常被视为一个促进创新和创业的环境，它为创新者和创业者提供了必要的资源，如设备、工具、咨询服务、网络和社区。因此，高校众创空间的目标应该与这些功能相一致。

鼓励创新是高校众创空间的一个重要目标。创新是推动社会发展的关键因素，而高校众创空间提供了一个充满可能性的环境，使学生、教师、研究人员等可以在这里自由地探索和尝试新的思想和方法。在这个过程中，他们可以发展和提升自己的创新能力，也可以为社会创造出有价值的新知识、新产品或新服务。

培养创业精神同样是高校众创空间的一个重要目标。创业精神是推动经济发展的重要动力，而高校众创空间提供了一个充满机遇和挑战的环境，使学生、教师、研究人员等可以在这里学习和实践创业的知识和技能，体验和理解创业的过程和经验。在这个过程中，高校创业空间可以培养他们的创业精神，也可以为社会创造出有活力的新企业和新工作。

促进知识和技能的转化也是高校众创空间的一个重要目标。知识和技能的转化是推动社会进步的重要途径，而高校众创空间提供了一个互动和实践的环境，使学生、教师、研究人员等可以在这里将他们的知识和技能转化为实际的产品和服务。在这个过程中，他们可以提高自己知识和技能的转化能力，也可以为社会创造出有用的新技术和新应用。

提供一个可以进行实践和实验的场所也是高校众创空间管理所无法忽视的。实践和实验是推动学习和发展的重要方式，而高校众创空间提供了一个设备齐全、条件优越的环境，使学生、教师、研究人员等可以在这里进行各种实践和实验。在这个过程中，他们可以加深对知识和技能的理解和应用，也可以提升自己的实践和实验能力。

高校众创空间：创新力量的孵化器

（二）筹备资源

在筹备高校众创空间的过程中，资源的筹备是必不可少的环节。资源的种类和数量将直接影响到高校众创空间的运营效率和服务质量。因此，高校需要全面考虑、细致操作，以确保高校众创空间的成功设立和高效运营。

寻找和配置适当的场地是筹备资源的第一步。高校众创空间的场地不仅要满足基本的物理要求（如面积、地点、环境等），还要满足特定的功能要求（如设计、布局、设施等）。在寻找和配置场地时，高校需要考虑多种因素，如校园的地理布局、建筑的结构特点、空间的使用需求等。高校还需要考虑场地的可扩展性和可持续性，以适应高校众创空间未来的发展和变化。

采购必要的设备是筹备资源的重要环节。高校众创空间所需的设备包括电脑、打印机、投影仪、实验器材、工艺设备等。在采购设备时，高校需要考虑设备的性能、质量、价格等因素，也需要考虑设备的维护、更新等后续问题。因此，高校需要与供应商建立长期的合作关系，以确保设备的供应和服务。

招聘合格的人员是筹备资源的关键环节。高校众创空间的人员可能包括管理者、技术支持人员、咨询顾问、志愿者等。在招聘人员时，高校需要考虑他们的专业背景、工作经验、个人素质等因素，同时也需要提供适当的培训和指导，以帮助他们更好地履行职责。高校还需要建立有效的人力资源管理制度，以激发和保持人员的积极性和稳定性。

寻找合适的资金来源是筹备资源的重大任务。高校众创空间的资金可能来自学校的预算、政府的补贴、企业的赞助、社区的捐赠等。在寻找资金来源时，高校需要充分了解和利用各种资金渠道，也需要制定和执行有效的资金管理和审计制度，以确保资金的透明性和合规性。

第三章 高校众创空间的基本管理与运营模式

（三）制定程序

高校需要制定相关的程序，这是为了确保在高校众创空间的运营过程中能够有效地维护各方的权益，防止可能出现的纠纷。这些政策、规章和程序可能涉及使用空间的规则、设备的维护和使用、人员的职责和权利，以及处理纠纷的程序等。

制定使用空间的规则是保证高校众创空间正常运作的基础。这些规则需要明确空间的使用权、使用时限、使用费用、使用责任等，也需要规定空间的安全规范、卫生要求、装饰限制等。这些规则还需要设定违规的后果和处理方式，以警示和纠正不合规的行为。在制定这些规则时，高校需要综合考虑空间的资源状况、使用需求、管理能力等，以保证规则的公平性、合理性和可操作性。

制定设备的维护和使用程序是保证高校众创空间功能完善的关键。这些程序需要明确设备的操作步骤、使用限制、维护方法、故障处理等，也需要规定设备的检查频率、保养要求、更新规划等。这些程序还需要设定设备的使用记录和使用报告，以监控和评估设备的使用效果和使用效率。在制定这些程序时，高校需要参考设备的使用说明、维护指南等，也需要听取使用者的反馈和建议，以提高程序的实用性和用户友好性。

制定人员的职责和权利程序是高校众创空间服务质量的保障。这些程序需要明确人员的岗位职责、工作标准、考核方式、晋升通道等，也需要规定人员的权益保护、伦理规范、纠纷处理等。这些程序还需要设定人员的培训和发展相关内容，以提升人员的能力和满意度。在制定这些程序时，高校需要遵循人力资源管理的理论和实践，也需要尊重人员的合法权益和个性差异，以提高程序的合规性和人文性。

制定处理纠纷的程序是保证高校众创空间公平正义的重要手段。这些程序需要明确纠纷的定义、报告、调查、裁决、执行等，也需要规定纠纷的预防和改善，以减少纠纷的发生和影响。在制定这些程序时，高

高校众创空间：创新力量的孵化器

校需要参照法律法规、案例裁判等，也需要理解和反映纠纷双方的立场和需求，以保证程序的公正性。

（四）发展规划

发展规划是对高校众创空间未来的发展方向、发展目标和发展任务的明确规定，包括未来几年的活动和项目计划、预期的发展成果，以及可能遇到的风险和挑战。高校需要根据自身的实际情况和发展需求，科学、合理地制定发展规划。这需要高校进行大量的研究和分析，例如对市场趋势的研究、对用户需求的调研，以及对自身资源和能力的评估等。

高校要确定高校众创空间的发展方向，包括高校众创空间的使命、愿景、价值等。发展方向是高校众创空间发展的理想和目标，也是众创空间行动和决策的原则和基准。在确定发展方向时，高校需要考虑自身的历史传统、学科优势、地方特色等，也需要参照国家政策、社会需求、行业趋势等，以保证发展方向的合理性和可实现性。

高校要确定高校众创空间的发展目标，包括高校众创空间的业务目标、质量目标、影响目标等。发展目标是高校众创空间发展的具体和明确的表现，也是高校众创空间工作效果的评价标准。在确定发展目标时，高校需要参考自身的资源条件、管理水平、服务需求等，也需要设置目标的优先级、时间框架、成功指标等，以保证发展目标的可操作性和可测量性。

高校要确定高校众创空间的发展任务，包括高校众创空间的项目任务、服务任务、改进任务等。发展任务是高校众创空间发展的行动和步骤，也是高校众创空间成果和价值的来源和体现。在确定发展任务时，高校需要明确任务的内容、要求、责任等，也需要设定任务的计划、过程、反馈等，以保证发展任务的清晰性和完整性。

高校要评估和调整高校众创空间的发展规划。这是一个持续的过程，旨在通过监控和反馈，及时发现问题，有效解决问题，以保证发展规划

第三章 高校众创空间的基本管理与运营模式

的适应性和有效性。在评估和调整发展规划时,高校需要建立评估体系,收集评估数据,分析评估结果,制定改进措施,以保证发展规划的更新和优化。

二、运营和服务

运营和服务是高校众创空间管理流程的第二步,涉及日常管理、项目运营、用户服务、合作伙伴关系四个方面,如图3-4所示。

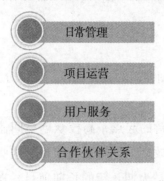

图 3-4 高校众创空间的运营和服务

(一)日常管理

日常管理是高校众创空间运营的基础,包括以下几个方面。

1. 设施管理

设施管理是高校众创空间运行的基石,需要确保高校众创空间的各项设备、工具及相关硬件设施均处于良好状态,满足用户的各种需求。这些设施包括但不限于计算机硬件、软件、实验设备、制造工具等,需要定期维护、检查,在必要时进行更新,确保其可用性和可靠性。

2. 人员管理

人员管理涉及高校众创空间的全体工作人员,包括管理层、教师、技术支持人员等。这些工作人员在高校众创空间中起着至关重要的作用,他们需要了解并执行高校众创空间的各项规章制度,提供高效的服务,帮助用户在这里实现创新创业目标。人员管理还包括对工作人员进行培训和发展，这有助于提升他们的工作效率和专业技能。

3.财务管理

财务管理是确保高校众创空间经济运行的关键，包括制定详细的预算、管理高校众创空间的收入和支出、进行合理的财务规划等，以确保资金的有效利用。财务管理还涉及对外部资金的申请和管理，如来自学校、政府、企业和社会的各种资助。

（二）项目运营

项目运营是高校众创空间的核心工作，可以分为以下几个阶段。

1.项目策划

项目策划是项目运营的起点，高校众创空间需要根据学校和社会的需求，策划一系列有实效性的创新创业项目。这些项目可能是为期几个月的短期项目，也可能是为期几年的长期项目。在策划过程中，高校众创空间需要明确项目的目标，制定详细的计划，并安排必要的资源。

2.项目实施

在项目实施阶段，高校众创空间需要组织和协调各种资源（包括人员、设备、资金等），以确保项目的顺利进行。高校众创空间还需要与项目的参与者保持密切的沟通，解决在实施过程中遇到的问题。

3.项目评估

项目评估是项目运营的重要环节，高校众创空间需要根据一定的标准，对项目的效果进行评估，以便对项目进行改进。评估的内容包括项目的完成度、影响力、满意度等。通过项目评估，高校众创空间可以了解项目的优点和缺点，对其进行改进和提高。

（三）用户服务

用户服务是高校众创空间的重要职责，包括用户培训、用户咨询、

第三章 高校众创空间的基本管理与运营模式

用户支持等。

1. 用户培训

用户培训是提升用户创新创业能力的重要途径。高校众创空间需要提供一系列与创新创业相关的培训课程，这些课程包括创新思维培训、创业技能培训、专业技能培训等。这些培训可以帮助用户提升他们的创新创业能力，实现他们的创业目标。

2. 用户咨询

用户在创新创业过程中可能会遇到各种问题，高校众创空间需要提供专业的创新创业咨询服务，帮助用户解决这些问题。这些问题涉及创业策略、技术问题、法律问题、市场问题等。高校众创空间可以通过一对一咨询、研讨会、讲座等方式，提供咨询服务。

3. 用户支持

用户在实施创新创业项目时，可能需要各种资源和支持，高校众创空间需要提供这些支持。这些支持包括提供设备、工具、资金，提供技术支持，提供市场资源等。高校众创空间通过提供这些支持，可以帮助用户顺利实施他们的创新创业项目。

（四）合作伙伴关系

高校众创空间在运营过程中，需要建立和维护与各种合作伙伴的关系。这些合作伙伴包括学校内部的各个院系、学校外部的企业和社会组织以及政府机构等。这些合作伙伴可以为高校众创空间提供各种资源和支持，包括知识、技术、人才、资金等。高校众创空间需要与这些合作伙伴保持良好的沟通和合作，以获取这些资源和支持，更好地服务用户。

综上所述，高校众创空间的运营和服务是一个全方位、多角度的工作，需要高校投入大量的时间、精力和资源，也需要高校众创空间有专业的人员和科学的管理体系，以确保高校众创空间的高效运行和优质服务。虽然这是一项烦琐且复杂的工作，但只有这样，高校众创空间才能

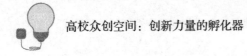
高校众创空间：创新力量的孵化器

发挥出它的最大价值，为创新创业的学生提供良好的支持和服务。

三、评估和改进

评估和改进是高校众创空间管理流程的第三步，涉及定期评估、改进计划、持续改进、案例分享和学习四个方面，如图3-5所示。

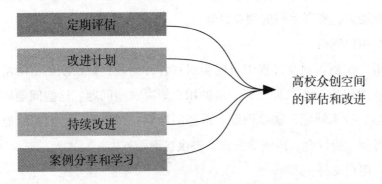

图3-5 高校众创空间的评估和改进

（一）定期评估

定期评估的主要目的是提供一个定量和定性的对比，以便衡量高校众创空间在一段时间内的运营和发展状况。这需要我们设定一些评估指标和评估周期，以便我们可以在特定的时间节点进行对比。一般来说，评估的内容包括以下几个方面。

1. 运营状况

运营状况包括高校众创空间的活动数量、参与者数量、成果产出等数据，这些都可以从高校众创空间的活动记录和数据系统中获取。

2. 用户满意度

用户满意度可以通过问卷调查或者用户访谈的方式来获取，涉及高校众创空间的设施、服务、活动、项目等多个方面。

3. 项目完成情况

项目完成情况包括项目的完成度、质量、效果等，这些都可以通过

第三章 高校众创空间的基本管理与运营模式

项目的报告、评估、反馈等方式来获取。

4. 合作伙伴反馈

合作伙伴反馈可以通过合作伙伴的反馈或者评估的方式来获取，合作伙伴可能会对高校众创空间的合作态度、资源贡献、合作效果等方面提出反馈。

需要注意的是，评估的方法需要根据评估的内容和目的来选择。一般来说，我们如果需要获取定量数据，那么我们可以选择问卷调查或者数据分析的方式；我们如果需要获取定性信息，那么我们可以选择访谈或者观察的方式。

（二）改进计划

改进计划是一个系统性的过程，它需要高校众创空间基于评估结果深入地分析问题，设定具体的改进目标，然后制定出行动方案并实施。

1. 问题分析

问题分析是改进计划的第一步，需要对评估结果进行深入的分析，找出问题存在的根本原因。例如，如果评估发现用户对培训课程的满意度不高，那么可能的原因包括课程内容不符合用户需求、教学方式不适于用户学习习惯或者课程的实用性不强等。

2. 目标设定

在找出问题存在的原因后，高校众创空间就需要设定具体的改进目标。目标设定应该是明确和具体的，能够量化的目标更便于管理和评估。例如，目标可以是提高用户满意度或提高项目完成率等。

3. 行动方案

制定行动方案是改进计划的核心环节。在这一步，高校众创空间需要制定出如何实现改进目标的具体方案。例如，如果目标是提高用户对培训课程的满意度，那么可能的行动方案包括更新课程内容、引入新的教学方式或者加强实践环节等。

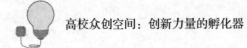

4. 时间表

改进计划需要有明确的时间表,时间表包括每个行动的开始时间、结束时间,以及关键节点的时间安排。明确的时间表可以帮助高校众创空间更好地管理和监控改进计划实施的进度。

(三)持续改进

高校众创空间的持续改进不仅是评估和修正已有问题的过程,还是一个不断学习、探索和创新的过程。这是因为高校众创空间所处的环境和所面临的挑战是不断变化的,用户的需求和期待也是在不断变化的,只有通过持续改进,高校众创空间才能适应这些变化,持续提升其服务质量和运营效果。为了实现持续改进,高校众创空间需要构建一套包括以下要素的改进系统。

1. 反馈机制

反馈机制是持续改进的基础,高校众创空间需要通过问卷调查、用户访谈、数据分析等方式收集用户的反馈和建议,了解用户的需求和期待以及分析服务过程中存在的问题和不足。

2. 学习机制

高校众创空间需要建立一套学习机制,鼓励员工和用户学习新的知识和技能,探索新的方法和思路。学习机制可以通过培训、讲座、研讨会等方式发挥作用。

3. 创新机制

高校众创空间需要建立一套创新机制,鼓励员工和用户提出创新的思路和方案,实验新的方法和模式。创新机制可以通过创新比赛、项目支持、创新实验室等方式发挥作用。

4. 激励机制

为了让员工和用户更积极地参与到持续改进的过程中,高校众创空间需要建立一套激励机制,例如设立改进奖励、创新奖励,提供职业发

第三章 高校众创空间的基本管理与运营模式

展机会,提供丰富的学习资源等。

总的来说,高校众创空间需要建立一个持续改进的文化氛围,让每一个人都能感受到改进的重要性,都有机会参与到改进的过程中,都能从改进中获得成长和收益。通过持续改进,高校众创空间可以不断提升自身的能力和价值,更好地服务用户和社会,实现其创新创业的使命。

(四)案例分享和学习

案例分享和学习是任何组织(包括高校众创空间)都应该重视的一项活动,它不仅可以帮助高校众创空间了解最新的实践和趋势,提升其运营和服务的质量,还可以帮助高校众创空间建立更广泛的联系和合作,拓宽其视野和扩大其影响。

1. 参加研讨会和论坛

参加研讨会和论坛是高校众创空间获取最新知识和信息的重要渠道。通过参与这些活动,高校众创空间可以了解国内外同行的最新研究成果、新兴技术、创新模式,有助于及时调整和优化自身的运营策略和服务方案。参加研讨会和论坛还有利于构建行业内的人际网络,这对于资源整合、合作项目的开展有着非常重要的作用。高校众创空间可考虑设立专门的预算,鼓励员工定期参加有关创新创业、科技政策、产业动态等方面的研讨会和论坛,以保持与行业的紧密联系。

2. 访问其他的高校众创空间

访问其他高校众创空间是了解同行业最佳实践的有效方式。通过实地参观,高校众创空间的工作人员可以直接观察和了解其他高校众创空间在硬件设施、服务模式、运营管理等方面的具体做法,借鉴它们的成功经验,也能避免重复它们的错误。定期组织访问活动也有助于建立与其他高校众创空间的合作关系,形成相互学习、共同发展的良好氛围。为此,高校众创空间应考虑建立一套系统的访问计划和反馈机制,以保

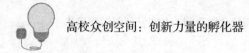

证访问活动的效果。

3. 阅读相关的文献和报告

阅读相关的文献和报告能够帮助高校众创空间了解最新的理论研究和市场动态，提升其对行业趋势和用户需求的认知。为了保证获取的信息的广度和深度，高校众创空间可以选择订阅一系列与创新创业相关的学术期刊、研究报告、行业白皮书和新闻资讯等。高校众创空间还应鼓励员工撰写内部读书报告，分享和讨论读后感想，以提高阅读的效果。

4. 构建案例库

构建案例库是高校众创空间积累和传播知识的重要方式。高校众创空间可以系统收集和整理各种成功或失败的创新创业案例（包括项目案例、管理案例、服务案例等），形成自己的案例库。这些案例不仅可以作为培训材料，提升员工和用户的实践能力，也可以作为策略参考，帮助高校众创空间优化自身的运营和服务。为了保证案例库的质量和实用性，高校众创空间应建立一套严谨的案例选取、编写和审核的标准和流程。

5. 进行案例研究

案例研究是一种深入理解和分析特定问题的重要方法。高校众创空间可以选择一些具有代表性或启发性的案例，进行详细的研究和讨论，提取其中的经验教训和操作规律。这些案例研究不仅可以增强员工和用户的实践洞察力和解决问题的能力，也可以形成高校众创空间的独特知识和经验，提升其对外的影响力。为了保证案例研究的效果，高校众创空间应建立一套完整的案例研究框架和方法，指导和规范案例研究的进行。

第四节　高校众创空间的评价体系

一、人员组织评价

人员组织评价是高校众创空间评价体系的重要组成部分，它关注的

第三章 高校众创空间的基本管理与运营模式

是高校众创空间的员工质量和组织架构等方面的因素。通过对人员组织的评价，我们可以了解高校众创空间的人力资源状况和组织状况，从而为决策和改进提供依据。

（一）员工质量

员工质量是高校众创空间成功的基础，它不仅包括员工的专业技能和知识，还包括员工的创新精神、团队合作能力及服务意识。评价员工质量应该从以下几个方面进行。

1. 专业技能和知识

专业技能和知识是衡量员工工作能力的重要标准。高校众创空间中的员工需要掌握各自领域的专业知识，以便为用户提供高质量的服务。例如，技术支持员需要了解科技发展的最新进展，掌握各种硬件和软件的使用技巧，以便解决用户在技术上的问题；项目管理员工需要了解项目管理的原则和方法，有良好的组织和协调能力，以便保证项目的顺利进行；咨询服务员工需要有良好的沟通和解决问题的能力，对创业和创新有深入的理解，以便为用户提供有效的建议和解决方案。在进行评估时，我们可以考虑员工的教育背景、工作经验、专业证书及工作表现等因素。

2. 创新精神

在高校众创空间这样一个鼓励创新的环境中，员工的创新精神尤为重要。员工需要有敢于尝试、不怕失败的精神，能够积极寻找和尝试新的方法和思路。员工需要能够接受和应对不确定性，从失败中学习和成长，勇于挑战传统和规则。员工还需要有开放的思维，愿意接受和尊重不同的观点和想法，愿意与他人分享和合作。在进行评估时，我们可以考虑员工的创新行为、创新成果，以及对创新的态度和意愿等因素。

3. 团队合作能力

高校众创空间的工作往往需要多个人或多个部门的合作，因此员工的团队合作能力对于工作的顺利推进至关重要。员工需要懂得尊重他人，

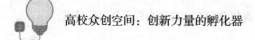

具有良好的沟通和协调能力及团队精神。员工需要能够明白和接受团队的目标，在团队中发挥自己的作用，与团队成员建立良好的关系，处理好团队内部的冲突和问题。在进行评估时，我们可以考虑员工的团队参与度、团队贡献度，以及团队满意度等因素。

4.服务意识

高校众创空间作为一个服务于用户的组织，它的员工需要有良好的服务意识。员工需要对用户需求有敏感的洞察力，对服务质量有严格的要求，对用户满意度有持续的追求。员工需要能够主动地去了解和满足用户的需求，主动去改进和优化服务流程，主动去获取和处理用户的反馈。员工还需要有耐心，能够理解和接纳用户的不同情况和需求，用友好和专业的态度来对待每一个用户。在进行评估时，我们可以考虑员工的服务行为、服务结果，以及用户的反馈和评价等因素。

（二）组织架构

组织架构是高校众创空间运行的基础，它影响着工作的流程、决策的效率及组织的灵活性等。对组织架构进行评价，我们需要秉承清晰度、有效性和灵活性原则。

1.清晰度原则

清晰度原则包括以下四个方面。

（1）职责明确。每个员工在高校众创空间中的职责应该被明确定义，包括每个员工的日常工作、所需技能、职责范围，以及他们对工作成果的责任。这种明确性不仅有助于提高员工的工作效率，还能提高员工的满意度。

（2）流程透明。工作流程（包括项目申请、设备预约、技术支持等），都应该有明确的步骤和责任人，这有助于确保工作顺利推进，避免工作中产生混淆和误解。

（3）权利和义务平衡。在高校众创空间中，每个成员的权利和义务应该明确并保持平衡,这既包括成员对设施和资源的使用权,也包括他们对高校众创空间规则的遵守义务。

(4)信息公开。高校众创空间的规章制度、活动信息及重要决策等,都应该对成员公开,这有助于提高高校众创空间的透明度,增强成员的信任感。

2. 有效性原则

有效性原则包括以下三个方面。

(1)决策效率。高校众创空间的组织架构应该能够支持快速有效的决策,这需要高校众创空间建立一个清晰的决策机制,以及一个有效的信息传递和反馈系统。

(2)协作效果。高校众创空间的组织架构应该能够支持有效的团队协作,这需要高校众创空间设定合理的组织边界,建立有效的沟通渠道,提供协作工具和资源。

(3)服务质量。高校众创空间的组织架构应该能够保证服务质量,这需要高校众创空间设立专门的服务部门,设定服务标准,建立服务评价和反馈系统。

3. 灵活性原则

灵活性原则包括以下三个方面。

(1)适应性。高校众创空间的组织架构应该具有良好的适应性,能够根据工作需要和环境变化进行调整,这需要高校众创空间建立一个灵活的组织结构,提供多元化的工作模式,建立一种持续学习和改进的文化氛围。

(2)创新能力。高校众创空间的组织架构应该能够支持创新,这需要高校众创空间提供创新空间,激励创新行为,建立一种开放和接受创新的环境。

(3)持久性。高校众创空间的组织架构应该具有良好的持久性,能够在面临挑战和压力时保持稳定,这需要高校众创空间建立一种健康的组织文化，提供稳定的资源支持，建立一个良好的危机管理机制。

二、服务活动评价

对高校众创空间的服务活动进行评价，可以帮助高校众创空间了解其服务活动的实际效果，找出存在的问题，优化服务活动的设计和实施，提升服务活动的质量和效果。服务活动的评价也可以为学校和社会提供参考，使之了解高校众创空间的工作情况，提出合理的建议和需求。服务活动评价主要包括如下内容。

（一）活动设计

活动设计是评估过程的第一步，主要关注活动的内容、形式、时间、地点、参与人员的选择等方面。

1. 活动的内容

活动的内容应当符合目标，包括活动主题、议程、主讲人等。活动内容的设计应以目标用户的需求为导向，内容应与用户的兴趣和需求相吻合，既有吸引力，又有实用性。内容的评估应包括用户对活动内容的反馈和活动达成的效果。

2. 活动的形式

活动的形式非常重要。无论是选择线上活动或者线下活动，还是采用讲座、研讨会、工作坊、比赛、展览等形式，都会影响活动的用户参与度和效果。活动形式的设计应以提高用户参与度和满意度为目标，以提供更好的用户体验。

3. 活动的时间和地点

活动的时间和地点都是需要考虑的因素。时间的选择应考虑用户的时间安排，避免与用户的其他活动冲突。地点的选择应考虑地点的可达性、设施、环境等因素。时间和地点的设计应以方便用户参与为目标，以提高活动的用户参与率。

第三章 高校众创空间的基本管理与运营模式

4. 参与人员的选择

参与人员的选择也是活动设计的重要部分。参与人员的选择应考虑人员的特点、角色、期望等因素，以建立一个有效的团队。参与人员的选择应以提高活动的效果和影响为目标，以举办一个成功的活动。

（二）活动执行

活动执行是评估过程的第二步，主要关注活动的组织、协调、领导、沟通等方面。

1. 活动的组织

活动的组织包括活动的计划、准备、实施等方面。活动组织的评估应包括活动的流程、进度、资源等因素以及用户对活动组织的反馈。

2. 活动的协调

活动的协调包括协调参与人员、合作伙伴、资源等方面。活动协调的评估应包括活动的合作、交流、解决问题等因素，以及用户对活动协调的反馈。

3. 活动的领导

活动的领导包括引导参与人员、推动活动、应对挑战等方面。活动领导的评估应包括活动的方向、动力、影响等因素，以及用户对活动领导的反馈。

4. 活动的沟通

活动的沟通包括与参与人员、用户、合作伙伴等的沟通。活动沟通的评估应包括活动的信息、反馈、理解等因素，以及用户对活动沟通的反馈。

（三）活动结果

活动结果是评估过程的第三步，主要关注活动的效果、用户的满意度、活动的参与度、活动的影响力等方面。

1. 活动的效果

活动的效果包括达成目标、解决问题、创新等方面。活动效果的评估应包括活动的结果、改进、影响等因素，以及用户对活动效果的反馈。

2. 用户的满意度

用户的满意度包括对活动内容、形式、服务等的满意度。用户满意度的评估应包括用户的反馈、投诉、建议等因素。

3. 活动的参与度

活动的参与度包括用户的参与、互动、贡献等方面。活动参与度的评估应包括活动的人数、活跃度、影响力等因素。

4. 活动的影响力

活动的影响力包括对用户、组织、社区等的影响。活动影响力的评估应包括活动的声誉、传播、影响等因素，以及用户对活动影响的反馈。

（四）活动反馈

活动反馈是评估过程的第四步，主要关注活动反馈的收集、处理、反应、影响等方面。

1. 活动反馈的收集

活动反馈的收集包括用户的反馈、建议、投诉等。反馈收集的评估应包括反馈的数量、质量、途径等因素，以及用户对反馈收集的反馈。

2. 活动反馈的处理

活动反馈的处理包括回应反馈、解决问题、改进活动等。反馈处理的评估应包括处理的速度、效果、满意度等因素，以及用户对反馈处理的反馈。

3. 活动反馈的反应

活动反馈的反应包括对反馈的认同、感谢、鼓励等。反馈反应的评估应包括反应的及时性、诚恳度、影响力等因素，以及用户对反馈反应的反馈。

第三章 高校众创空间的基本管理与运营模式

4.活动反馈的影响

活动反馈的影响包括对活动、组织、用户等的影响。反馈影响的评估应包括影响的程度、范围、持续性等因素，以及用户对反馈影响的反馈。

三、创新成果评价

创新成果评价是高校众创空间评价体系的重要组成部分。这是因为高校众创空间的核心任务就是推动创新创业活动，培养创新创业人才，产生创新成果。创新成果包括创新项目、创新产品、创新服务、创新技术、创新模式、创新文化六个方面。

（一）创新项目的评价

对创新项目的评价从多个角度展现高校众创空间的实际创新能力和产出，这不仅能帮助高校众创空间了解和改进自己的创新活动，也能为外部的投资者、合作伙伴、用户等提供有价值的信息。

1.项目的数量

项目的数量是创新活动的基础指标，它直观地反映了高校众创空间的创新活动的规模和活跃度。项目的数量包括高校众创空间每年完成项目的数量、正在进行项目的数量，以及计划中项目的数量等，这些都是对其创新活动规模的直接体现。通过对项目数量的长期跟踪和分析，我们还可以观察到高校众创空间创新活动的趋势和周期，如季度变化、年度增长率等。

2.项目的质量

项目的质量是创新活动的核心指标，它更深入地反映了高校众创空间的创新能力和水平。项目的质量评价可以从多个方面进行，包括新颖性、技术性、商业性、社会性等。新颖性是指项目的创新性，包括项目的创新点、创新方法、创新效果等。技术性是指项目的技术难度和技含量，包括项目的技术复杂性、技术先进性、技术实用性等。商业性是指项目的商业价值和商业潜力，包括项目的市场需求、市场份额、市场竞争力等。社会性是指项目的社会效益和社会影响，包括项目的环保性、公益性、影响力等。

3. 项目的影响

项目的影响是创新活动的综合指标，它全面地反映了高校众创空间的创新效果和贡献。项目的影响评价可以从多个角度进行，包括对用户的影响、对行业的影响、对社会的影响等。对用户的影响是指项目如何满足用户的需求，提升用户的满意度，包括用户的使用频率、使用评价、使用推荐等。对行业的影响是指项目如何推动行业的发展，提升行业的标准，包括行业的引领性、影响力、改变力等。对社会的影响是指项目如何带来社会的效益，产生社会的影响，包括社会的认可度、社会的贡献度、社会的持续性等。

（二）创新产品的评价

创新产品是高校众创空间研究与开发工作的直接产出，反映了高校众创空间的科技实力和市场竞争力。因此，对创新产品进行评价是检验高校众创空间工作成果的重要环节，也是优化产品、提升市场表现的有效方式。

1. 产品创新度

产品创新度评价的是产品的新颖性和创新性，主要考虑产品的技术含量、设计理念、功能实现等方面是否具有领先性或独特性。产品的创新度直接影响产品在市场上的竞争力。

2. 产品质量

产品质量评价的是产品的性能稳定性、使用寿命、安全性等方面是否达到或超越行业标准。优良的产品质量能提升客户满意度，有利于企业口碑的积累与市场份额的扩大。

3. 产品用户体验

产品用户体验评价的是产品在实际使用过程中能否满足用户需求，是否便利、舒适。良好的用户体验能够提升用户的忠诚度，推动产品的长期发展。

4. 产品市场表现

产品市场表现评价的是产品在市场上的销售成绩、市场份额、用户评价等。产品的市场表现反映了产品的市场接受度，可以为产品定价、营销策略提供参考。

5. 产品社会影响

产品社会影响评价的是产品对社会、环境的积极影响，如是否节能环保、能否增进社会福祉等。产品的社会影响反映了产品的社会价值和责任感，对提升品牌形象和赢得公众信任有着积极作用。

通过深入而全面地评价创新产品，高校众创空间不仅可以了解自己的优势和不足，也能从中发现改进和创新的机会，以更好地适应市场的变化和满足用户的需求。

（三）创新服务的评价

创新服务作为高校众创空间的核心工作之一，它体现了高校众创空间的功能定位、服务能力和用户价值。因此，对创新服务的评价既是检查高校众创空间服务质量的重要手段，也是改进服务、提升用户满意度的关键途径。

1. 服务设计

服务设计评价的是服务的规划和设计是否合理、是否充分考虑了用户需求、是否创新和有吸引力。优秀的服务设计能提升服务的效率和效果，提升用户的体验和满意度。

2. 服务执行

服务执行评价的是服务的实施是否顺畅、是否按照计划和标准进行、

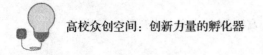

是否解决了用户的问题。高效和专业的服务执行能提升服务的质量和信誉，提升用户的信任度和忠诚度。

3. 服务结果

服务结果评价的是服务的效果是否满足了用户的期望、是否达到了预定的目标、是否产生了积极的影响。良好的服务结果能提升服务的价值和影响力，增强用户的满足感。

4. 服务反馈

服务反馈评价的是服务的反馈是否得到了及时和有效的处理、是否对服务的改进提供了有用的信息、是否对用户和社区产生了正面的影响。及时和负责任的服务反馈能提升服务的透明度和可持续性，增强用户的参与感和归属感。

（四）创新技术的评价

对创新技术的评价，不仅可以反映高校众创空间的技术实力和创新水平，而且能够为其技术引导和资源配置提供重要的依据。

1. 技术创新度

技术创新度评价的是技术是否具有新颖性和原创性、是否打破了原有的技术框架和模式、能否引领技术发展的新趋势。创新度高的技术往往能产生更大的技术价值和社会影响。

2. 技术实用性

技术实用性评价的是技术是否具有实用性和可行性、能否解决实际问题、能否满足市场需求。实用性强的技术更有可能被广泛应用和推广，产生实际的经济效益和社会效益。

3. 技术领先性

技术领先性评价的是技术是否处于行业或领域的前沿、是否超越了同类技术、是否具有持久的竞争优势。领先的技术往往能够为高校众创空间赢得良好的市场位置和口碑。

第三章 高校众创空间的基本管理与运营模式

4. 技术复杂性

技术复杂性评价的是技术的研发和应用难度、需要的人力物力、技术风险等因素。复杂性高的技术往往需要更大的投入和更高的专业能力，但也可能带来更大的技术壁垒和市场潜力。

5. 技术影响力

技术影响力评价的是技术对行业、社会等的影响程度，如能否引领新的技术或产业发展、能否改变现有的生产和生活方式、能否产生深远的社会效应等。

（五）创新模式的评价

创新模式在高校众创空间环境中，指的是在创新实践中形成的、能有效驱动和实现创新的独特模式或者策略。这些模式包括业务模式、组织模式、合作模式及技术模式等。

1. 业务模式创新

业务模式创新评价的是创新模式能否通过新的业务模式（如"互联网+"、共享经济、区块链等）来开发新的产品或服务、拓展新的市场、提升新的价值。

2. 组织模式创新

组织模式创新评价的是创新模式能否通过新的组织模式（如扁平化、网络化、项目化等）来优化组织结构、提升组织效率、激发组织活力。

3. 合作模式创新

合作模式创新评价的是创新模式能否通过新的合作模式（如跨界合作、全球合作、众创合作等）来集聚创新资源、扩大创新影响、提高创新成效。

4. 技术模式创新

技术模式创新评价的是创新模式能否通过新的技术模式（如云计算、大数据、人工智能等）来改变技术路径、提升技术水平、增强技术竞争力。

（六）创新文化的评价

创新文化是高校众创空间成功的关键因素之一，它可以激励成员采取积极态度，愿意承担风险，并且乐于接受新的想法。因此，评估创新文化对于高校众创空间的发展至关重要。

1. 开放性文化评价

开放性文化在高校众创空间内部能有效地推动信息交流和知识共享，它追求的是各个成员之间的开放沟通和接纳多元化的观点。开放性文化评价主要看高校众创空间是否已建立相应机制，以吸收和利用来自内部和外部的知识和资源。在这种环境中，人们不会因为怕被否定而不敢表达自己的想法。从另一方面来看，开放性文化也包括高校众创空间对外界信息和观点的接受度，以及其是否有能力有效地利用这些外部信息和资源。例如，高校众创空间可以开展各类讲座、研讨会、线上分享等活动，以便更好地吸纳外部资源，同时也鼓励内部成员分享知识和经验。

2. 创新性文化评价

创新性文化评价主要看众创空间是否鼓励创新思维、新的实验、新的尝试，以及其对失败的容忍度。高校众创空间应建立一种机制或者策略，来激励和支持创新活动。创新意味着有可能失败，高校众创空间应鼓励成员不怕失败，而是从失败中学习并积累经验。例如，高校众创空间可以设立一些奖励机制（如创新奖、最佳创新项目等），以激励创新。

3. 协作性文化评价

协作性文化评价主要看高校众创空间是否鼓励团队合作和跨界合作，这种文化主张的是团队间的合作和互助，不仅包括内部的，也包括与外部组织或个人的协作。高校众创空间应有相应的平台和工具来协调和整合内部和外部的资源，还要有建立和维护合作关系的能力和意愿。例如，高校众创空间可以建立合作伙伴关系，定期举行合作会议，或使用协作工具（如"Slack""Trello"等）进行协同工作。

4. 学习性文化评价

学习性文化评价主要看高校众创空间是否鼓励个人学习和成长，是否为成员提供学习和发展的机会和资源，并且能否反思和学习经验。高校众创空间应建立机制和习惯来记录和学习经验，不断从经验中获取知识，并不断改善和优化。例如，高校众创空间可以设置内部培训、研讨会，提供在线课程，建立学习分享机制，鼓励成员之间的知识交流。

5. 适应性文化评价

适应性文化评价主要看高校众创空间能否适应和应对环境的变化，是否有机制和能力来预测和处理不确定性和复杂性，是否有能力和勇气来进行必要的改变和转型。高校众创空间应有足够的灵活性和适应力，能在面临新的挑战和机遇时做出迅速调整。例如，高校众创空间可以建立环境扫描和预警机制，定期进行战略审视，鼓励成员积极探索和尝试新的方法和途径。

四、社会影响评价

高校众创空间的社会影响评价是对其给社会带来的变化和影响的评价。这种影响包括对个人、组织及社会环境的影响。在评价高校众创空间的社会影响时，我们需要从以下两个方面进行考虑。

（一）教育影响评价

在谈论教育的时候，人们通常认为教育是一个单向的、静态的过程：教师传递知识，学生接受知识。但是，在高校众创空间中，教育变得更加动态，学生不再是被动的接受者，而是成了积极的参与者，他们参与项目，解决问题，与团队成员一起合作。在这个过程中，学生不仅学习了理论知识，也获得了实际的经验，提高了自身的创新能力和实践能力。

从知识和技能的角度看，高校众创空间为学生提供了一个实践和实验的场所。学生可以在这里尝试应用他们在课堂上学习到的知识，也可以探索一些新的、自己感兴趣的领域。学生可能会遇到一些在课堂上没有遇到的问题，需要自己找到解决方案。这不仅可以加深学生对理论知识的理解，也可以帮助他们提高解决问题的能力，让他们做好适应未来工作和生活的准备。

从创新和创业的角度看，高校众创空间是一个培养创新精神和创业意识的场所。在这里，学生可以开展自己的创新项目，甚至创建自己的创业公司。学生可以尝试一些新的想法，不用害怕失败，因为这里是一个安全、支持性的环境。这不仅可以帮助学生发展创新和创业的技能，也可以激发学生的创新精神和创业热情，培养学生成为未来的创新者和创业者。

从合作和社区的角度看，高校众创空间是一个建立合作和社区的场所。在这里，学生可以与来自不同背景、不同学科的人一起工作。学生需要学会与他人合作，理解和尊重他人的观点，解决冲突，建立信任。学生也可以成为一个社区的一部分，分享他们的经验和故事，支持和帮助其他人。这可以帮助学生提高他们的社会和领导能力，也可以让学生找到归属感，实现自我价值。

综上所述，对高校众创空间的教育影响进行评价尤为关键。在具体的操作中，我们要遵循如下原则。

第一，全面原则。教育的影响是多方面的，不能只关注学术成果，而忽视了个人成长、团队协作和社区建设等方面。评价的内容应该包括知识和技能的获取、创新和创业精神的培养、合作和社区意识的形成等。

第二，实质原则。教育的影响不仅体现在表面的数据和成果上，更体现在深层的改变和发展上。评价的标准应该注重实质的影响，如学生的思维方式、行为模式、价值观念等是否有所改变。

第三，持续原则。教育的影响是长期的，不能只关注短期的效果，而忽视了长期的效果。评价的时间应该足够长，可以观察和分析长期的影响和效果。

第三章 高校众创空间的基本管理与运营模式

第四,参与原则。教育的影响涉及多个利益相关者,包括学生、教师、行业、社会等,他们都是评价的主体,他们的观点和反馈都是评价的重要内容。评价的过程应该鼓励和促进各个利益相关者的参与。

上述原则不仅适用于高校众创空间的教育影响评价,也适用于其他类型的社会影响评价,它们可以帮助我们更准确地理解和评价高校众创空间的社会影响,从而更好地发挥其潜力和价值。

(二)经济影响评价

高校众创空间的经济影响评价是一个复杂且涉及面多的任务,涵盖了一系列的因素,包括但不限于项目和企业的产出、就业创建、创新投资、技术转移、区域发展等。

经济影响方面的评价指标包括孵化的项目数量、项目生存率、项目的商业化程度等。例如,一些项目可能发展成独立的创业企业,有的甚至成长为行业领导者,它们的发展历程和最终效果是评价高校众创空间经济影响的重要指标。

高校众创空间的活动也为就业市场提供了新的机会和选择。一方面,孵化出的创业企业为就业市场提供了新的职位,这些职位在数量上和质量上都有可能超过传统的就业市场。另一方面,高校众创空间的项目和活动也为学生和创业者提供了实践和发展的机会,他们在这个过程中得到的技能和经验对于自己的职业发展是非常有价值的。

高校众创空间也是一个连接学术界和商业界的桥梁,其活动有可能吸引企业和投资者的关注,从而引入更多的投资和资源。评价这种影响的指标包括吸引的投资金额、合作的企业数量、转化的技术数量等。

第五节 创新品牌的宣传与推广

高校众创空间创新品牌的宣传与推广包括建立品牌形象、线上线下活动、社交媒体营销、成功案例展示四个过程，如图3-6所示。

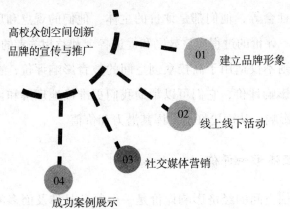

图3-6 高校众创空间创新品牌的宣传与推广

一、建立品牌形象

建立高校众创空间的品牌形象是提升其知名度和影响力的关键步骤。高校众创空间作为推动创新创业的重要载体，它的品牌形象需要充分体现其核心价值和独特定位。

高校众创空间的核心价值一般包括培养创新创业人才、推动技术研发、服务社会经济发展等方面。这些核心价值反映了高校众创空间的使命和目标，是其品牌形象的基础。为了清晰地体现这些价值，高校众创空间需要在品牌传播中使用明确、有力的语言，并提供具体、生动的例子，还可以通过设计独特的标志、口号等视觉元素，将这些价值视觉化，更直观地展现给大众。

高校众创空间的独特定位体现了其在创新创业生态中的特殊角色和优势。例如，一些高校众创空间可能更注重科技创新，因此其品牌形象可能需要突出科技、未来等元素；而另一些高校众创空间可能更注重社会创新，因此其品牌形象可能需要突出服务、责任等元素。这种独特定位不仅有助于区分高校众创空间与其他创新创业机构，也有助于吸引与其定位匹配的创新创业人才、项目和资源。

第三章　高校众创空间的基本管理与运营模式

为了更好地体现其定位和价值，高校众创空间的品牌形象还需要结合其特有的环境和文化。例如，高校众创空间的硬件环境（包括空间布局、装修风格、设备设施等）及软件环境（如管理制度、服务项目、活动氛围等），都可以反映其品牌形象。因此，高校众创空间需要在品牌建设中充分考虑这些因素，使其品牌形象更具深度和魅力。

建立品牌形象是一个持续不断的过程，需要高校众创空间长期坚持并不断调整优化。随着高校众创空间的发展，其核心价值和独特定位可能会发生变化，因此其品牌形象也需要做出相应调整，以保持其鲜明性和准确性。通过以上策略，高校众创空间可以建立起清晰、独特、有吸引力的品牌形象，进一步提升其知名度和影响力。

二、线上线下活动

线上线下活动是推广高校众创空间品牌的重要方式。通过组织各类创新创业活动，高校众创空间可以提升自身的公众曝光度，强化与各方的互动，以此提升品牌影响力。

活动的形式可以多种多样，以满足不同人群的需求。例如，高校众创空间可以组织创新大赛来吸引和挖掘有创新精神的学生和创业者；可以开设创业讲座来普及创业知识，引导学生掌握创业技能；可以举办技术研讨会来推动技术交流和合作，培养创新思维。这些活动不仅可以展示高校众创空间的活力和多元性，也可以增强其在创新创业领域的权威性。

活动的组织需要精心策划和执行，以确保其有效性和吸引力。例如，活动的主题需要切合高校众创空间的定位和目标，吸引对应的目标人群；活动的形式需要有创意和有趣味性，引发参与者的好奇心和兴趣；活动的宣传需要有针对性和及时性，确保信息的有效传播。我们还需要在活动过程中收集反馈，以评估活动的效果，提供改进的依据。

活动的效果不仅体现在活动本身，更体现在活动对高校众创空间的长期影响。例如,活动可以提高高校众创空间的知名度,吸引更多人的关注和参与;活动可以强化高校众创空间与学生、创业者、行业专家和投资者的互动,建立和深化合作关系;活动可以推动高校众创空间的服务和资源的优化,提升其支持创新创业的能力。

活动的效果需要通过数据和研究来评估和证明。例如,我们可以通过活动的参与人数、互动数量、满意度评分等指标,来量化活动的影响力;可以通过活动的转化率、持续参与率、回访率等指标,来衡量活动的持久效果;可以通过调查和研究,来了解活动对高校众创空间品牌认知和态度的影响。

三、社交媒体营销

社交媒体营销已经成为当今品牌推广的重要手段,对于高校众创空间来说,这不仅是传播信息、提高知名度的平台,更是与学生、创业者、社区成员进行互动交流,展现品牌魅力的重要场所。

(一)社交媒体平台的选择

对于高校众创空间来说,选择合适的社交媒体平台是建立品牌形象和提高知名度的关键步骤。社交媒体的选择需要依据高校众创空间的目标受众及各个社交媒体平台的特性,为品牌提供合适的展示平台。

微博和微信是我国比较受欢迎的两个社交媒体平台,用户基数大、覆盖范围广、使用频率高。这两个平台都支持文字、图片、视频等多种发布形式,能够满足高校众创空间展示多元化活动和信息的需求,如新闻发布、活动预告、优秀项目介绍、成功案例分享等,都可以通过这两个平台实现。另外,微信还有公众号和小程序等功能,可以提供更加个性化的服务,如在线报名、活动直播等。

抖音作为一款短视频平台,正被越来越多的年轻人所使用。短视频的形式具有信息传递快、易理解、趣味性强的特点,适合用来展示高校众创空间的创新氛围和活动现场,吸引年轻人的注意力。定期发布有趣、有价值的短视频,不仅能提升高校众创空间的知名度,也能激发年轻人对创新创业的兴趣。

LinkedIn 作为一个专业的职业社交网站,也可以帮助高校众创空间与企业、投资者、行业专家等建立联系,寻求可能的合作机会。高校众创空间可以通过发布行业分析、专业知识、项目进展等信息,来展示其专业性和实力,赢得更多行业的关注和信任。

(二)社交媒体内容的构建

构建吸引人的社交媒体内容对于高校众创空间的宣传与推广至关重要。通过合理的社交媒体内容构建,高校众创空间可以提升品牌宣传和推广效果,吸引更多的关注者和参与者,建立良好的品牌形象,促进创新创业生态的发展。

1. 定期发布最新动态

定期发布关于高校众创空间的最新动态和活动信息(如即将举办的创新比赛、讲座、工作坊等)可以吸引关注者的注意,让他们了解高校众创空间的最新情况,并提前做好准备参与相关活动。

2. 分享学生创业故事

分享学生创业者的故事和成功案例,展示他们的创新思维、实践经验和成果,不仅可以激励其他学生参与创新创业,还可以树立高校众创空间在创业培养方面的专业形象,吸引更多人的关注和参与。

3. 提供有价值的内容

除了宣传活动和项目进展,还可以提供有价值的内容(如创新创业的技巧和经验分享、行业趋势分析、创业资源和机会的介绍等)来吸引更多的关注者,让他们认可高校众创空间的专业性和价值,进而积极参与相关活动。

4. 强调互动和参与

社交媒体是一个互动的平台，可以开展各种互动环节来提升关注者的参与度和黏性。例如，可以设立问答互动环节，邀请关注者提问并回答他们的问题；还可以进行线上投票、讨论等活动，鼓励关注者积极参与并表达意见。这样不仅提升了社交媒体的活跃度，也增强了高校众创空间与关注者之间的互动和沟通。

5. 创造多元化的内容形式

社交媒体平台上的内容形式多种多样，包括文字、图片、视频、直播等。为了吸引更多关注者的注意，可以灵活运用不同的内容形式。例如，可以通过发布精美的图片、有趣的短视频，引起用户的兴趣和共鸣；通过直播活动，实时与关注者互动和交流。多元化的内容形式可以使社交媒体内容更加生动、丰富，提升用户体验和参与度。

6. 利用合适的标签和关键词

合理利用标签和关键词可以提升社交媒体内容的曝光度和搜索排名。根据不同的内容特点和目标受众，选择相关的标签和关键词，并将其嵌入内容中，有助于让更多的用户发现和关注高校众创空间的品牌，提高品牌的可见性和影响力。

7. 与用户互动和回应

在社交媒体上，与用户互动和回应是建立良好关系的关键。及时回复用户的评论、提问和私信，表达关心和关注，体现了高校众创空间对用户的重视。积极的互动和回应，可以提升用户对高校众创空间的认同感和忠诚度，也可以塑造积极的品牌形象。

（三）社交媒体营销的互动

高校众创空间可以与粉丝建立积极、互动的关系，提升社交媒体的影响力和传播效果。这种互动也有助于了解粉丝的需求和意见，为高校众创空间的改进和创新提供宝贵的参考和支持。

第三章 高校众创空间的基本管理与运营模式

1. 回复评论和私信

对于粉丝在社交媒体上的评论和私信,高校众创空间应尽可能及时地回复,表达对他们的感谢、关心和关注,同时也应回答他们的问题,提供帮助和支持。积极回应粉丝的这种互动,可以提升粉丝的参与感和忠诚度,建立信任和良好的关系。

2. 解答疑问和提供建议

粉丝可能会在社交媒体上提出问题、寻求建议或分享意见。高校众创空间应尽力解答他们的疑问,提供专业的建议,并在需要时引导他们进一步了解高校众创空间的活动和资源。这种积极的互动有助于提升粉丝对高校众创空间的信任度和满意度。

3. 参与讨论和话题

在社交媒体平台上,参与讨论和话题能够激发粉丝的兴趣和参与热情。高校众创空间可以发布相关的话题或内容,邀请粉丝进行讨论和互动,表达自己的观点和建议,并积极参与粉丝的讨论,对他们的观点进行回应和引导,促进有意义的交流。

4. 举办互动活动

为了增加粉丝的互动和参与,高校众创空间可以定期举办互动活动,如问答互动、投票、有奖竞答等。这些活动可以激发粉丝的兴趣和参与热情,提高他们与高校众创空间的互动频率,也可以提升社交媒体的活跃度。

5. 创造分享和参与的机会

通过社交媒体平台,高校众创空间可以创造分享和参与的机会,鼓励粉丝分享自己的创新创业经验、项目成果或相关资源。高校众创空间可以设置相应的主题标签或活动标签,方便粉丝在社交媒体上分享和参与相关内容,提高互动性和可见度。

6. 关注粉丝的反馈和需求

在社交媒体营销中,密切关注粉丝的反馈和需求非常重要。高校众

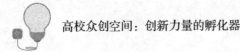

创空间需要定期分析和评估粉丝的互动情况，收集他们的意见和建议，了解他们的喜好和需求，根据粉丝的反馈和需求，调整和优化社交媒体内容和互动策略，以便更好地满足粉丝的期望。

（四）社交媒体营销的效果评估

社交媒体营销的效果评估是确保营销策略的有效性和及时调整策略的关键步骤。定期进行社交媒体营销效果评估，并根据评估结果调整和优化营销策略，可以确保高校众创空间在社交媒体上取得最佳的宣传和推广效果。

1. 关注者数量和增长率

持续关注高校众创空间在社交媒体平台上的关注者数量，并计算关注者的增长率，由关注的数量和增长率可以了解高校众创空间的影响力、吸引力及社交媒体营销的效果。

2. 点赞、转发和评论数量

社交媒体上的点赞、转发和评论数量反映了用户对高校众创空间内容的兴趣和参与度。较高的互动数量通常表示社交媒体营销的有效性。

3. 受众参与度

分析用户参与高校众创空间发布的活动、问答、投票等的情况，由参与情况可以衡量用户的参与程度和活跃度，从而了解高校众创空间的互动效果。

4. 网络影响力

分析高校众创空间在社交媒体上的话题讨论、提及和引用情况，由此情况可以评估其在网络中的影响力。大的网络影响力可以帮助提升高校众创空间的知名度和品牌形象。

5. 反馈和评论分析

仔细研究社交媒体上用户的反馈和评论，了解他们对高校众创空间的看法、意见和建议，有助于了解用户需求、改进社交媒体内容和互动策略，提升营销效果。

6. 点击率和转化率

关注社交媒体上发布的链接的点击率和转化率，了解用户对高校众创空间网站、活动报名页面等的兴趣和行为，有助于评估社交媒体营销的转化效果和目标达成情况。

7. 品牌认知度和口碑

了解用户在社交媒体上对高校众创空间的品牌认知度和口碑反馈，有品牌认知度和口碑反馈可以评估高校众创空间的品牌形象和声誉。高的品牌认知度和好的口碑有助于提升高校众创空间在目标受众中的影响力和目标受众对它的信任度。

四、成功案例展示

展示高校众创空间孵化的成功项目或企业，让人们看到其对创新创业的实际贡献，可以增强品牌的权威性和可信度。

（一）筛选和收集成功案例

高校众创空间应该对孵化的项目和企业进行筛选和评估，选择具有代表性和影响力的成功案例进行展示，可以通过与创业者和企业的沟通和合作，了解他们的故事和成果，收集相关的信息和资料。

1. 设立筛选标准

高校众创空间可以设立明确的筛选标准，以帮助确定哪些案例符合展示要求。这些标准包括项目的发展阶段、市场影响力、创新性、社会价值等方面。所选案例需要具有代表性和影响力，并能够展示高校众创空间的核心价值和成果。

2. 与创业者和企业沟通

高校众创空间可以与孵化的创业者和企业保持紧密的沟通和合作，了解他们的故事、成果和体验，通过与创业者的深入交流，可以获取更

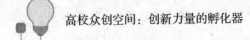

多详细信息和案例的背后故事,加深对案例的理解和评估。

3. 进行案例评估

高校众创空间可以对收集到的案例进行评估,确保它们符合展示的目标和要求。评估的标准包括创新性、市场竞争力、商业模式、团队实力等方面。通过评估,高校众创空间可以确定哪些案例具有较高的展示价值,并决定是否将其列为成功案例进行展示。

4. 多样化案例类型

高校众创空间需要确保收集的成功案例类型多样化,涵盖不同行业、领域和创新形式。这样可以展示高校众创空间对多个领域的支持和影响力,提高案例的广泛性和吸引力。

5. 收集相关信息和资料

除了了解案例的故事和成果,高校众创空间还要收集相关的信息和资料,如项目介绍、商业计划、产品或服务说明、市场调研数据等。这些信息和资料可以帮助展示案例的详细情况和背景,提高案例的可信度和说服力。

6. 维护良好合作关系

高校众创空间需要与创业者和企业建立和维护良好的合作关系,保持持续的沟通和联系。这样可以及时获取最新的案例信息,了解其发展动态,并为展示提供更准确和全面的资料和数据支持。

(二)多渠道展示

成功案例可以通过多种渠道展示,包括线上平台、校内活动、行业展会、创新创业竞赛等。在高校众创空间的官方网站和社交媒体平台上发布成功案例的报道和故事,可以吸引更多的关注和分享。高校众创空间还可以利用其所在的高校或地区的创新创业活动和展览会,展示成功案例,吸引更多的目标受众。

1. 线上平台展示

在线上平台展示成功案例是一种广泛且高效的方式,高校众创空间可以通过其官方网站、社交媒体平台、博客等发布成功案例的文章、照片和视频。这些平台具有较高的传播力和互动性,能够吸引更多的关注和分享,扩大案例的影响范围。高校众创空间还可以定期更新成功案例,形成连续的展示效果,持续吸引关注。

2. 校内活动展示

在校内活动中展示成功案例也是一种有效的方式。高校众创空间可以组织创新创业交流会、创业讲座、展览展示等活动,邀请成功案例的创业者或企业代表来分享他们的经验和故事。通过这些活动,高校众创空间可以直接与学生、教职员工和其他创新创业者进行互动,激发创新创业的热情,展示高校众创空间的支持和成果。

3. 行业展会和创新创业竞赛展示

参加行业展会和创新创业竞赛也是展示成功案例的重要途径。高校众创空间可以选择参加相关的行业展会或创新创业竞赛,将成功案例作为代表来展示,与其他领域的创新者和投资者进行交流和合作。这样可以扩大案例的影响力,吸引更多的合作伙伴和资源支持,提升高校众创空间的品牌影响力和知名度。

(三)多维度展示

多维度展示成功案例是一种有效的方式。通过涵盖多个行业和领域的成功案例,高校众创空间可以向外界展示其在多个领域的影响力和实力,吸引更多的创新者和创业者加入高校众创空间的生态系统中。

高校众创空间可以选择展示来自不同行业的成功案例。例如,高校众创空间可以展示在科技行业中取得突破的创新项目、在文化创意产业中获得成功的创业企业、在社会创新领域取得突出成果的项目等。通过展示不同行业的成功案例,高校众创空间可以展示其多样性和覆盖面,

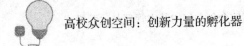

吸引更多不同行业背景的创新者和创业者加入高校众创空间中。

高校众创空间可以选择展示不同发展阶段的成功案例。例如,高校众创空间可以展示初创阶段的项目如何通过高校众创空间的支持逐步发展壮大,或成长期的企业如何在高校众创空间的引导下实现持续创新和扩大市场影响力,或已经成熟的企业如何通过与高校众创空间合作推出新产品和拓展新市场。这样可以展示高校众创空间的全程扶持和协助创业者的能力,吸引更多不同发展阶段的创新者和创业者加入高校众创空间中。

众创空间还可以选择展示不同类型的成功案例。例如,高校众创空间可以展示技术创新的案例,如新材料、人工智能、生物科技等领域的创新项目;也可以展示社会创新的案例,如解决社会问题、推动可持续发展等方面的项目;还可以展示商业模式创新的案例,如共享经济、互联网平台等领域的创新企业。通过展示不同类型的成功案例,高校众创空间可以展示在不同领域中的专业能力和实践经验,吸引更多不同类型的创新者和创业者加入高校众创空间中。

综上所述,通过多维度展示成功案例,高校众创空间可以展示其在不同行业、不同发展阶段和不同类型的创新项目和创业企业中的影响力和贡献。这有助于吸引更多的创新者和创业者加入高校众创空间的生态系统中,共同推动创新创业的发展。

(四)故事化呈现

故事化呈现成功案例是一种引人入胜且有影响力的方式,高校众创空间可以将成功项目或企业的创业故事、遇过的挑战和获得的成长以生动的方式展现给观众。故事的叙述,使得观众能够更好地理解和感受成功案例背后的努力、坚持和创新精神,进而产生情感共鸣,加深对高校众创空间的理念和价值观的理解和认同。在故事化呈现成功案例时,高校众创空间可以考虑以下要素。

1. 角色塑造

角色塑造是将创业者、团队成员或关键人物塑造成有血有肉的角色，描述他们的背景、动机、挑战和奋斗过程，突出他们的激情、坚持和创新能力，让观众能够与他们产生情感共鸣。

2. 情节发展

情节发展是通过构建情节，展现成功案例的起伏和变化，描述创业者面对的困境、挑战和决策，以及他们如何克服困难、寻找突破和取得成功的故事线索。情节发展的紧凑性和张力可以吸引观众的注意力，并引发他们对成功案例的兴趣和关注。

3. 叙事手法

各种叙事手法的运用可以提高故事的吸引力和影响力。例如，高校众创空间可以运用对话、场景刻画、旁白等手法，使故事更加生动和感人；也可以通过配乐和视觉效果的运用来增强故事的表现力和感染力。

4. 价值传递

价值传递是在故事中融入高校众创空间的理念和价值观。通过描述创业者的经历和成长，突出高校众创空间的支持和帮助对于他们取得成功的重要性，强调高校众创空间提供的资源、网络、培训和导师等支持，以及创新、合作和共享的文化氛围。

5. 真实性和可信度

高校众创空间需要确保故事的真实性和可信度，以便观众能够相信和认同其中的情节和故事线。高校众创空间可使用真实的案例和数据来支持故事的可信度，避免夸大和虚构的情节。

综上所述，通过故事化呈现成功案例，高校众创空间可以将创业者的创新精神、坚持和努力传递给观众，激发更多人的创新激情和创业热情。故事化的展示也能够提高高校众创空间的品牌形象和可信度，吸引更多优秀的创新者和创业者加入高校众创空间的生态系统中，共同推动创新创业的发展。

第四章 高校众创空间的优化路径

第一节 完善管理制度和服务体系

一、制定明确的管理规章制度

制定明确的管理规章制度是保障高校众创空间高效运行的重要手段。管理规章制度应根据高校众创空间的实际情况和使用者的需求进行制定，既要确保资源的有效利用，又要满足使用者的使用需求。管理规章制度的执行和监督也非常重要，高校众创空间需要定期对管理规章制度进行评估和修订，以适应高校众创空间的发展变化。管理规章的制定包括以下几个方面，如图4-1所示。

第四章 高校众创空间的优化路径

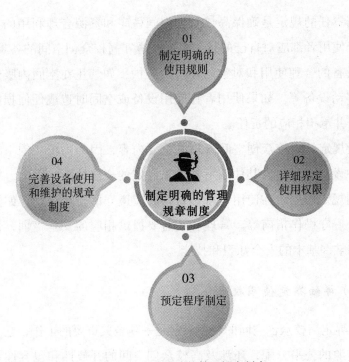

图 4-1 制定明确的管理规章制度

（一）制定明确的使用规则

在高校众创空间的管理中，规则的制定是其运行机制的基石。这些规则并不只是束缚和限制，更多地应被视为对创新行为的引导和激励。这些规则为高校众创空间内的创新活动提供了一个清晰的框架，使每个使用者都能在这个环境中找到自己的定位，有条不紊地进行创新实践。

使用时间的规定是高校众创空间管理的一部分，也是有效利用空间资源的关键。在规定使用时间时，管理者需要考虑学生的学习和生活节奏，也要考虑空间设施的维护和管理需求。例如，高校众创空间可以在日常上课时间外开放，以方便学生在课余时间使用。管理者还需要规定非开放时间的使用程序，如果学生或教师在非开放时间需要使用高校众创空间，应提前申请并获得批准。

使用责任的规定是确保高校众创空间秩序和资源合理利用的重要手段。每个使用者都应对自己的行为负责，遵守高校众创空间的各项规定，做到对设备的合理使用和对空间环境的维护，如禁止在空间内吸烟、禁止随意移动设备等。如果使用者在使用设备或空间时造成任何损害，应立即报告并承担相应的责任。

安全规定是高校众创空间管理的重要内容，因为高校众创空间往往涉及各种设备和材料，其使用可能带来一定的安全风险。因此，管理者需要明确规定使用者在使用设备和材料时应遵守的安全规则，如佩戴防护设备、遵守操作指南等。管理者还需要提供相应的安全培训，让使用者了解和掌握基本的安全知识和技能。

（二）详细界定使用权限

详细界定高校众创空间的使用权限是一项至关重要的工作，它不仅涉及空间资源的公平分配，还涉及高校众创空间的开放性和包容性。在制定使用权限的规定时，管理者应根据使用者的身份、需求和能力，以及高校众创空间的管理和服务目标，制定公平、公正、公开的使用权限规定。

对于学生来说，他们作为高校众创空间的主要使用者，应享有广泛的使用权限，包括使用高校众创空间的设施和设备、参加高校众创空间的活动和课程，以及申请高校众创空间的资源和服务。学生也应承担相应的责任，包括遵守高校众创空间的规定、维护高校众创空间的环境，以及对自己的创新活动负责。

对于教师来说，他们不仅是高校众创空间的使用者，也是高校众创空间的指导者和服务提供者。因此，教师的使用权限应包括使用高校众创空间进行教学和研究、指导学生的创新活动，以及提供高校众创空间的服务。教师也应承担相应的责任，包括指导学生正确、安全地使用高校众创空间，提供高质量的教学和服务，维护高校众创空间的秩序和品质。

第四章 高校众创空间的优化路径

对于外部人员来说,他们可能是高校众创空间的合作伙伴、访问者或用户。因此,外部人员的使用权限应根据他们的身份和需求进行确定。例如,合作伙伴可能需要使用高校众创空间进行合作项目;访问者可能需要参观高校众创空间;用户可能需要使用高校众创空间的设施和服务。

在界定使用权限的同时,管理者也应明确规定使用者的违规行为的处罚措施。这些处罚措施应包括警告、限制使用权限、取消使用权限等,对于严重的违规行为(如故意破坏设施、危害他人安全等),还应提供相应的法律途径(如报警、起诉等)。这些处罚措施可以有效地维护高校众创空间的秩序和环境,保护使用者的权益。

(三)预定程序制定

预定程序的制定对于高校众创空间的管理和资源利用至关重要,可以确保资源的公平分配和高效利用,也方便使用者进行合理的规划和安排。在制定预定程序时,管理者需要考虑以下几个方面的问题。

1. 预定方式

高校众创空间可以提供多种预定方式,以便满足使用者的不同需求和偏好。常见的预定方式包括线上预定和线下预定。线上预定可以通过网站、应用程序或预定平台进行,使用者可以根据空间的开放情况和自己的时间安排进行预定。线下预定可以通过柜台、电话或邮件进行,适用于一些特殊需求或临时预定的情况。

2. 预定时间

预定程序应明确规定高校众创空间的预定时间范围,包括开放时间段、预定时间段及预定的时间限制。开放时间段应根据使用者的需求和高校众创空间的管理能力进行合理划分,如工作日、周末或节假日。预定时间段可以根据使用者的需求进行划分,如短期预定(几个小时或一天)和长期预定(几天或更长时间)。预定的时间限制可以确保使用者有

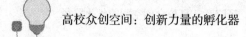

足够的时间进行规划和安排。

3. 预定条件

为了公平和合理利用高校众创空间的资源，预定程序应明确规定预定条件，包括使用者的身份（学生、教师、外部人员）、使用目的（学术研究、创新项目等），以及所需资源的特殊要求。通过明确预定条件，高校众创空间可以确保资源优先分配给有需要的使用者，并避免滥用或浪费资源的情况发生。

4. 预定修改和取消规则

在制定预定程序时，管理者应考虑使用者的变动和突发情况，明确规定预定修改和取消的规则。这些规则包括预定修改和取消的时间限制、修改和取消的手续，以及可能产生的费用或后果。通过明确这些规则，高校众创空间可以在一定程度上减少资源的浪费，并给其他使用者更多的机会利用空间资源。

5. 预定未能如期使用的处理

有时由于各种原因，使用者可能无法按预定时间使用高校众创空间。为了避免资源的浪费和滥用，预定程序应明确规定未能如期使用的处理方式，包括通知预定方、收取一定的费用、限制未来的预定机会等。通过建立相应的规则和机制，高校众创空间可以确保其资源得到有效的利用。

总之，通过制定明确的预定程序，高校众创空间可以确保资源的公平分配和高效利用，也方便使用者进行合理的规划和安排。预定程序应考虑使用者的不同需求和情况，并根据高校众创空间的管理能力进行合理的规定和调整。预定程序的执行需要有相应的监督和反馈机制，以确保预定程序的公正性和有效性。

（四）完善设备使用和维护的规章制度

在高校众创空间中，设备是学生进行创新和创业的重要工具。设备

第四章 高校众创空间的优化路径

使用规定的制定应该遵循公平、公正和安全的原则，设备必须有明确的使用规则，包括设备的使用权限、使用方法和使用时限。

在使用权限方面，使用者都应该经过适当的培训并获得认证才能使用相关设备。这个认证过程既可以是通过高校众创空间组织的培训，也可以是通过与学校或行业相关的认证机构合作实现。某些高级设备应明确规定只有经过更深入培训并获得特定证书的使用者才能使用。这一机制不仅可以保证设备的有效利用，还可以最大限度地确保使用者的安全。

在使用方法方面，高校众创空间应提供详尽的使用指南和在线资源，以帮助使用者掌握正确的使用方法，避免因操作不当而造成设备损坏或个人受伤。这些资源包括操作手册、在线教程、视频教程等，以适应不同使用者的学习习惯和能力。

在使用时限方面，管理者要根据设备的特性和需求制定合理的使用时间。一些设备可能需要长时间的预热或冷却，一些设备可能因为长时间运行而过热，因此管理者必须制定明确的使用时间规定，防止设备因为过度使用而出现故障。为了确保使用者都能公平地使用设备，高校众创空间应设定每个使用者每天或每周的使用时长限制。

除了设备使用规定，设备维护规章制度也是至关重要的。设备的日常保养应由专业的技术人员负责，他们需要定期检查设备的状态，清理和维护设备，以保证其正常运行。设备的使用者也应承担一部分维护责任，他们需要在每次使用后清理设备，如果发现设备有任何故障或异常，应立即报告给管理人员。因此，空间应设置简便的故障报告系统（如在线报告系统），方便使用者及时报告故障。

定期的培训和宣传也是设备使用和维护规章制度的重要组成部分。定期的培训可以提高使用者的设备操作能力，提高他们对设备安全的认识，增强他们的维护意识。宣传可以提高人们对规章制度的认识，促使他们遵守规定，保护设备。

总的来说，设备使用和维护的规章制度是保障高校众创空间设备正

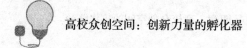
高校众创空间：创新力量的孵化器

常运行、提高使用效率、保护使用者安全的重要手段。通过制定明确的使用规定、建立有效的维护机制、提供丰富的培训和宣传资源，高校众创空间的设备可以更好地服务于使用者，为他们的创新和创业活动提供强大的支持。

二、建立开放包容的使用政策

高校众创空间应该建立开放包容的使用政策，以促进多元化的创新和创业活动，提高整个社区的活跃度和创新能力。

（一）明确开放包容使用政策的主要目标

在制定高校众创空间的开放包容使用政策时，明确主要目标是必要的一步。这些目标不仅将指引整个制定政策的过程，也为评估政策效果提供了基准。

1.将提供平等的使用机会定为目标

制定开放包容的使用政策的首要目标就是提供平等的使用机会，所有成员无论他们的背景、专业、身份或资历如何，都能平等地使用高校众创空间。这意味着高校众创空间应对潜在用户开放，这些用户包括不同学科的学生、教师、校友，甚至包括外部社区成员。平等的使用机会有助于汇聚多元化的人才，促进更丰富的创新活动。为实现这一目标，我们需要制定一套公平、公正的使用规则，如预约系统、使用时间分配等。

2.将促进跨学科合作定为目标

鼓励并促进跨学科合作是制定开放包容使用政策的重要目标。现代创新活动往往涉及多个学科领域，跨学科合作可以汇集不同领域的知识和技能，激发更多新的创新想法。因此，我们需要创建一个支持跨学科交流和合作的环境，如设置多功能工作区、提供多学科资源和设备、组织跨学科活动等。

第四章　高校众创空间的优化路径

3. 将提升空间使用效率定为目标

提升高校众创空间的使用效率也是制定开放包容使用政策的重要目标。有效地利用空间和设备，不仅可以满足更多用户的需求，也可以延长设备的使用寿命，节省运营成本。为达到这一目标，我们需要进行空间和设备的科学管理，如设备预约制度、使用时间限制、设备维护管理等。

4. 将鼓励创新和创业定为目标

制定开放包容使用政策的目标是激发和支持学生的创新和创业活动。高校众创空间是为了帮助学生将他们的想法变成现实，通过他们的努力为社会带来价值。为了实现这个目标，我们需要提供各种支持和服务，如技术指导、项目资金、创业指导等。

（二）评估高校众创空间使用政策的基本现状

对高校众创空间使用政策的现状进行深入全面的评估是构建开放包容使用政策的重要步骤。评估应围绕已设定的四大目标进行，即提供平等的使用机会、促进跨学科合作、提升空间使用效率，以及鼓励创新和创业。

1. 评估平等使用的现状

评估平等使用的现状要评估潜在用户是否都能平等地使用高校众创空间，以及使用条件是否公正、公平。评估时应当收集和分析高校众创空间的使用数据，如用户的背景信息（学科、身份等）、使用频率和使用时长等。评估时还要对现行的使用规则进行审查，看现有规则是否有可能导致某些用户被排斥或者受到不公正待遇。

2. 评估跨学科合作的现状

评估跨学科合作的现状要评估现行政策是否支持和鼓励跨学科合作、空间设施是否符合跨学科工作的需求，以及是否有跨学科交流和合作的机会。这需要对设备和工作区的使用情况进行分析，以及对学科交叉的项目和活动进行调查。

3. 评估使用效率的现状

评估使用效率的现状要评估空间和设备的使用效率，看是否有浪费或者滥用的情况，以及现行政策是否有效地防止了这些问题。这需要对空间和设备的使用数据进行详细分析，如使用频率、使用时长、设备维护记录等。

4. 评估创新和创业支持的现状

评估创新和创业支持的现状要评估现行政策是否鼓励并支持学生的创新和创业活动，以及学生在高校众创空间的创新创业表现。这需要对创新创业项目的数量和质量进行分析，以及对学生的满意度进行调查。评估时应当与各利益方进行沟通，收集他们的反馈和建议，以得到更全面的信息和更深入的理解。

（三）制定高校众创空间的全新使用政策体系

在对现状进行了深入的评估并收集到反馈后，我们就可以开始制定全新的使用政策体系了。新的政策体系应该基于我们设定的四大目标，并考虑现状评估的结果和收到的反馈进行制定。

1. 制定平等使用的政策

新的政策应该确保潜在用户都能平等地使用高校众创空间。我们可以设定公正的使用规则，如设备预约系统、使用时间分配机制等。新的政策还要对可能导致不公正待遇的规定进行修订，保证使用条件的公平。

2. 制定跨学科合作的政策

新的政策应该鼓励和支持跨学科合作。我们可以设定相关的设施和设备政策，提供跨学科交流和合作的机会，如组织跨学科活动、创建多功能工作区等。

3. 制定提高使用效率的政策

新的政策应该提高空间和设备的使用效率。我们可以制定科学的管理规则，如设备预约制度、使用时间限制、设备维护管理等。新的政策

第四章 高校众创空间的优化路径

还要对滥用和浪费的行为进行监管和惩罚，保证资源的合理使用。

4.制定创新和创业支持的政策

新的政策应该鼓励并支持学生的创新和创业活动。我们可以提供各种支持和服务（如技术指导、项目资金、创业指导等），以帮助学生实现他们的创新创业梦想。

三、建立高校众创空间评估机制

建立高校众创空间的评估机制是确保空间运行高效、服务质量持续提升的重要途径。评估机制主要包括以下几个方面。

（一）制定高校众创空间的评估指标

制定高校众创空间的评估指标是评估工作的关键步骤，它能够帮助我们系统地、全面地理解高校众创空间的运行情况。这需要我们根据高校众创空间的核心功能、主要目标及其内外部环境，设定一系列具体、可衡量、有可操作性的指标。

设备使用情况是对高校众创空间物质资源配置和使用效率的直接反映。设备的使用率可以通过统计每天、每周或每月的使用时间，将其与设备的总使用时间进行对比得出；设备的维护状况可以通过检查设备的工作状态，统计设备的故障次数和修复时间得出；设备的更新率则需要我们统计每年新购置和淘汰的设备数量。通过这些指标，我们可以明确了解到高校众创空间的设备是否得到了有效使用，以及设备使用中是否存在问题，如使用不当、维护不足等。

用户参与情况是高校众创空间的核心指标之一。用户的使用频次可以通过统计用户每天、每周或每月进入高校众创空间的次数计算出来；使用时长需要统计用户在高校众创空间内的实际活动时间；活动参与情况则需要统计用户参与高校众创空间组织的各类活动的频率和参与度。这些指标可以帮助我们了解用户对高校众创空间的依赖程度和活动参与

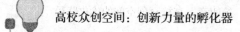

度，进而评估高校众创空间的吸引力和影响力。

项目产出是衡量高校众创空间创新成果的主要指标。项目的数量可以直接通过统计每年在高校众创空间内完成的项目数量得出；项目的创新性需要我们对项目的创新内容、技术难度、市场前景等方面进行评估；项目的商业价值则需要我们对项目的盈利能力、市场影响力、社会效益等方面进行评估。这些指标可以帮助我们了解高校众创空间对创新的推动力度和贡献度。

跨学科合作是衡量高校众创空间开放性和包容性的重要指标。跨学科项目的数量可以通过统计每年在高校众创空间内完成的涉及两个或两个以上学科的项目数量得出；跨学科活动的参与人数则需要我们统计每次跨学科活动的参与人数。这些指标可以帮助我们了解高校众创空间在促进不同学科、不同领域间交流与合作方面的作用。

用户满意度是直接反映高校众创空间服务质量和用户体验的关键指标。我们可以通过设计问卷调查、用户访谈、在线反馈等方式收集用户的满意度信息。问卷内容应涵盖设备使用、活动参与、服务质量、环境舒适度等方面。这些指标不仅可以帮助我们评估高校众创空间的服务质量，也可以为改进服务、优化用户体验提供重要参考。

（二）开展高校众创空间第三方评估

第三方评估是高校众创空间评估体系的重要组成部分，它为高校众创空间的运行和发展提供了一个外部的、更为客观和公正的视角。第三方评估不受高校众创空间内部利益的影响，更能公正地评价高校众创空间的工作，为高校众创空间的改进提出有价值的建议。进行第三方评估，我们需要重视以下几个关键步骤和要素。

第一，选择合适的第三方评估机构是第三方评估成功的前提。第三方评估机构应具有良好的信誉和专业性，有丰富的评估经验，有独立的评估团队，能够提供公正、客观、深入的评估结果。我们可以通过搜索

第四章 高校众创空间的优化路径

和比较，选择适合我们需求的专业评估机构；也可以选择与我们的业务相关的教育部门、科技部门或其他专业机构进行合作。在选择过程中，我们需要对比各个机构的评估方法、评估质量、服务态度等方面，选择符合我们需求的评估机构。

第二，提供必要的数据和信息是保证第三方评估准确性的关键。我们需要向评估机构提供全面的数据和信息，包括设备使用数据、用户参与数据、项目产出数据、跨学科合作数据、用户满意度数据等。这些数据和信息应该是真实、准确、完整的，可以反映高校众创空间的真实情况。我们还应该提供高校众创空间的基本情况、运营模式、目标定位、主要问题等信息，帮助评估机构更好地理解高校众创空间，进行更准确的评估。

第三，接受评估结果和建议是进行第三方评估的目的。第三方评估的结果和建议是我们改进工作的重要参考。我们应该认真对待评估结果，对评估中发现的问题进行深入研究，制定具体、可行的改进计划。我们还应该积极采纳评估中提出的建议，不断改进高校众创空间的工作，提升高校众创空间的运营效率和服务质量。

总的来说，开展第三方评估是高校众创空间提升自身能力、实现自我改进的重要途径。我们应该充分利用第三方评估这一资源，提升高校众创空间的管理水平和服务质量，更好地服务于高校和社会。

（三）高校众创空间的评估结果公开透明

评估结果的公开和透明是评估工作的重要原则。通过公开透明的方式，我们能够提升高校众创空间的公信力，鼓励利益相关者更积极地参与到高校众创空间的改进工作中来。公开透明不仅有利于增强高校众创空间与利益相关者的互动与沟通，也有利于树立高校众创空间的正面形象，提升其在社区中的影响力和社区对它的认可度。

及时公布评估结果是公开透明评估工作的第一步。评估结束后，我们应尽快将评估结果公布出来，结果无论好坏，我们都应公正公开地对外展示。这让所有利益相关者都能了解到高校众创空间的表现，了解到我们在哪些方面做得好、哪些方面需要改进。公布评估结果的渠道可以多样化，我们可以通过高校众创空间的官方网站、社交媒体账户公布评估结果，也可以通过邮件、会议等方式直接告知利益相关者。

详细解释评估结果是确保人们都能理解评估结果的必要步骤。评估结果可能包含许多专业性的内容和数据，我们需要将这些内容以易于理解的方式呈现出来，让人们都能清楚地知道我们的表现及存在的问题。我们可以通过图表、说明文本等方式，详细解释每一个评估指标的含义，以及我们在这些指标上的表现。

接受公众的监督和反馈是公开透明评估工作的重要环节。公开评估结果，意味着我们愿意接受公众的监督，接受他们对我们工作的意见和建议。我们应该对公众的意见保持开放和接受的态度，认真听取他们的反馈，对他们的关切给予积极的回应。我们还可以通过定期举办公开论坛、问答会等活动，主动向公众收集反馈，以此来提升我们的服务质量和社会影响力。

总的来说，公开透明的评估工作对于高校众创空间的发展有着重要的推动作用。通过及时公布评估结果、详细解释评估内容，以及积极接受公众的监督和反馈，我们可以不断提升高校众创空间的服务质量，更好地满足用户的需求，进一步提升高校众创空间在社区中的影响力。在未来，我们将继续致力于提升高校众创空间的公开透明度，以更好地服务于我们的用户，为高校及社会创新创业提供更高质量的服务。

第二节 提供全方位创新创业服务

一、创新创业教育与培训

高校众创空间是创新创业教育的重要阵地，承担着引领和培养新一代创新创业者的使命。为了更好地完成这一使命,高校众创空间应该为其用户提供一系列创新创业课程,覆盖创新创业过程中的关键环节。创新创业教育与培训主要涉及如下四个方面的内容,如图 4-2 所示。

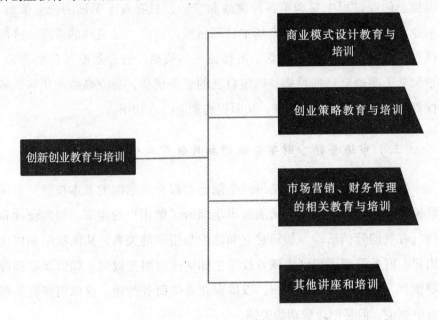

图 4-2　创新创业教育与培训

(一)商业模式设计教育与培训

商业模式设计是创新创业教育的重要组成部分,也是企业生存和发展的基础。商业模式设计课程需要涵盖各种类型的商业模式,包括 B2B(企业对企业)、B2C(企业对消费者)、C2C(消费者对消费者)等,使学生能够了解和掌握各种模式的优缺点和应用场景。不同的产品和服务及不同的目标市场可能需要不同的商业模式,因此这门课程需要教授学生如何根据自身的具体情况选择和设计适合自己的商业模式。随着市场和技术的不断变化,商业模式也需要不断创新和演化,学生需要学习如何根据变化的环境对自己的商业模式进行调整和优化。

高校众创空间：创新力量的孵化器

（二）创业策略教育与培训

创业策略课程是帮助学生在复杂的创业环境中找到正确方向的重要课程。创业过程中充满了各种挑战和变数，只有有了明确的创业策略，创业者才能在云谲波诡的市场中披荆斩棘，走出一条成功的道路。这门课程应该涵盖市场定位、竞争策略、招聘策略、资金策略等各个方面，帮助学生明确自己的目标，确定自己的竞争优势，建立高效的团队，确保资金的充足和使用的合理，从而提高创业的成功率。

（三）市场营销、财务管理的相关教育与培训

市场营销和财务管理是每一个创业者都必须掌握的基本技能。市场营销课程应该教授学生如何通过市场调研了解用户的需求、如何设计和执行有效的营销活动、如何建立和维护与用户的关系，从而吸引和留住用户。财务管理课程则应该教授学生如何进行财务规划、如何制定和控制预算、如何进行财务分析，以确保企业的财务健康。这两门课程虽然看似烦琐，但是创业成功的关键。

（四）其他讲座和培训

高校众创空间除了提供创新创业课程，还应该定期举办各种讲座和研讨会，为学生提供一个学习和交流的平台。讲座和研讨会可以邀请成功的创业者、资深的创业导师、知名的创业专家等人士进行分享和指导，帮助学生了解最新的创业理念和方法，启发学生的创新思维，激发学生的创业热情。讲座和研讨会还可以提供一个让学生互相交流、互相学习的机会，增强学生的团队合作意识，提高学生的沟通能力，有利于学生的个人成长和团队建设。

通过上述各类教育与培训，高校众创空间不仅能提供创业者所需要的知识和技能，也能激发他们的创新精神，培养他们的创业素养，帮助

第四章 高校众创空间的优化路径

他们在创业的道路上取得成功。

二、创业导师和指导

创业导师和指导的作用在创新创业过程中是不可忽视的。适当的引导和建议可以大大加快创业的进程，使创业者避开一些不必要的陷阱，更加有效地利用资源，提高创业的成功率。高校众创空间应建立完善的创业导师制度，搭建创业者与导师之间的桥梁，提供连续、有针对性的指导和咨询服务。

（一）创业导师的选择至关重要

高校众创空间选择创业导师，实际上是在为创业者提供一种可靠的指导资源。这些导师应具备丰富的创业经验，拥有深厚的专业知识，能够理解并解读创新创业的复杂过程，他们在各自的领域有较高的权威性和影响力，可以提供实际、有效的建议。创业导师也需要深入理解创业教育，以确保他们的教导不仅具有专业深度，也有广泛的教育意义。优秀的创业导师需要具备宽阔的视野，关注创业领域的最新动态和未来趋势（包括新兴的商业模式、创新的技术应用、变化的市场需求等），以便为创业者提供前沿、实用的指导。创业导师不仅要能洞察现在，还要有预见未来的能力，这样才能帮助创业者走在时代的前列。

良好的沟通能力和强烈的责任感也是创业导师必备的素养。创业导师需要能够深入了解创业者的需求，关心创业者的发展，耐心解答创业者的疑问，共同解决创业过程中遇到的问题。创业过程中的挑战往往充满了不确定性，创业导师需要在承担责任的同时，也有足够的耐心和理解，帮助创业者处理好各种困难和挫折。

（二）创业导师为学生创业者提供专业指导与服务

在高校众创空间中，创业导师的角色并不只是教授和指导者，他们更像是创业者的合作伙伴和朋友。创业导师应深入参与到创业者的项目中，尽可能全面地了解项目的细节，发现和把握项目的核心竞争力。这需要创业导师具备深厚的专业知识、独到的洞察力、丰富的实战经验，以及对创新创业的深入理解。

为创业者提供一对一的指导和咨询服务，是创业导师的主要工作内容。创业导师在这个过程中，不仅需要了解创业者的想法和需求，还需要理解创业者的困惑和困难。针对创业者的项目提出具体、实用、有深度的建议和解决方案，可帮助创业者优化项目方案，提高项目的成功概率。这些建议涉及各个方面，包括市场定位、商业模式设计、团队建设、融资策略等。创业导师需要在这些方面有足够的知识和实践经验，才能给出有针对性的建议。创业导师需要结合创业者的实际情况及市场的发展趋势，帮助创业者找到适合自己的创业路径，形成可行的创业策略。

在为创业者提供咨询和指导的同时，创业导师还会利用他们的社会网络和影响力，为创业者提供实际的帮助。创业导师可能会为创业者引荐潜在的投资人、合作伙伴、客户，这些都是创业者在创业初期难以获取的资源。创业导师的介绍和推荐，可以让创业者更快地接触到这些重要的资源，加快创业项目的发展速度。

创业导师还可以利用自己的社会影响力，为创业项目增加曝光度。创业导师可能会在自己的社交媒体上分享创业项目的信息，也可能在各种活动和讲座上提及创业项目，引起公众的关注。这些曝光不仅可以增加创业项目的知名度，吸引更多的用户和客户，也可以为创业项目吸引更多的投资，提高融资的可能性。

（三）创业导师帮助学生创业者组织各类活动

在高校众创空间中，创业导师还有一个重要的职责，那就是帮助学生创业者组织各类活动。通过这些活动，创业者可以得到更多的学习和

第四章 高校众创空间的优化路径

交流机会，了解更多的创业理念和方法，拓宽视野，激发创新思维。

创业导师可以帮助创业者组织研讨会。在这些研讨会上，创业者可以分享他们的项目进展，讨论遇到的问题，寻求解决方案。创业导师可以在研讨会上提供专业的建议，帮助创业者找到问题产生的根源，提出有效的解决方案。研讨会也是创业者互相学习的好机会，他们可以从别人的教训中汲取经验，找到自己项目的不足，促使自己不断进步。

创业导师还可以帮助创业者组织讲座。这些讲座可以邀请创业领域的专家和成功人士来讲话，分享他们的创业经验和智慧。创业者可以通过这些讲座获取最新的创业理念，了解创业的各个方面，包括市场分析、商业模式、融资策略等。这些讲座不仅可以增加创业者的专业知识，也可以激发他们的创新思维，鼓励他们不断尝试和创新。

工作坊是创业导师可以组织的另一种活动。在工作坊中，创业者可以在创业导师的指导下，进行实际的操作和实践，包括产品设计、营销策略、商业计划书写作等。通过这些实践活动，创业者可以提高他们的实践能力，把理论知识转化为实际的能力。

这些活动还为创业者提供了一个交流的平台。创业者可以通过这些活动，与其他创业者、导师、投资人等进行交流，建立和扩大自己的社交网络。这些网络关系对于创业者来说是非常重要的，创业者可以通过这些关系，获取更多的资源和信息，找到合作伙伴，获取投资，甚至找到客户。

综上所述，创业导师在组织各类活动方面，起着至关重要的作用，他们通过这些活动，帮助创业者提升自己的能力，拓宽视野，建立重要的社交网络，为创业者的创业铺平道路。

三、法律和知识产权服务

法律和知识产权服务是高校众创空间不可或缺的一项服务。创业初期，团队可能缺乏一些法律和资源方面的知识。高校众创空间通过提供

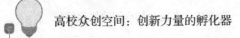

法律咨询服务，可以帮助创业者在各种法律问题上获得专业的指导，避免在创业过程中出现不必要的法律风险。

（一）解决公司注册问题

公司注册是创业者踏入商业世界的重要一步，它不仅标志着企业正式成立，而且也代表着创业者开始接受各种法律法规的约束。因此，高校众创空间为创业者提供关于公司注册的法律咨询服务显得尤为重要。

在公司注册过程中，创业者需要选择适合自己的公司类型。不同的公司类型（如股份有限公司、有限责任公司、合伙企业等）有着不同的注册条件、管理结构和税务待遇。高校众创空间可以为创业者提供关于公司类型的专业咨询，帮助创业者基于自身的业务模式、发展策略和资金状况，选择适合自己的公司类型。

公司注册还涉及一系列复杂的程序，包括填写注册申请、提交必要的文件、支付注册费用等。高校众创空间可以提供详细的注册指导，帮助创业者了解和完成这些程序。这种指导不仅可以帮助创业者节省时间和精力，还可以避免程序错误导致的注册失败。在注册公司后，创业者需要了解和遵守一系列的法律法规，包括公司法、税法、劳动法等。高校众创空间可以为创业者提供这方面的法律教育，帮助他们理解企业的法律责任和义务，避免法律问题导致的损失。

总的来说，高校众创空间提供的公司注册法律咨询服务，可以帮助创业者更加顺利地完成公司注册，为创业者解决法律问题，确保企业的合法性和合规性，降低创业的风险。

（二）解决合同签订问题

合同签订在商业活动中占有极其重要的地位。创业者与客户、供应商、合作伙伴、员工或者投资者的关系，都可能涉及合同的签订。合同是商业关系的基石，它规定了各方的权利、义务和责任，影响着企业的经营和发展。因此,创业者需要具备一定的合同知识,能够理解并准确执行合同的各项条款,保护自己的合法权益。

对于许多创业者来说,他们可能缺乏合同方面的知识和经验,不清楚如何起草和审查合同,不知道如何处理合同争议。因此,高校众创空间就需要为创业者提供合同方面的法律咨询服务。通过这些服务,创业者可以获得关于合同的专业建议,理解合同的基本原则和要素,学习如何根据自己的需求和情况起草和修改合同。这不仅可以帮助创业者避免签订不利的合同,也可以提高他们处理合同问题的能力。

合同签订并不只是一个法律问题,它还涉及商业谈判和策略选择。在与其他方签订合同时,创业者需要考虑如何最大限度地保护自己的利益,同时保持良好的合作关系。这就需要创业者具备一定的谈判技巧和策略思维。高校众创空间提供的合同法律咨询服务可以为创业者提供关于谈判技巧和策略选择的建议,帮助他们在签订合同的过程中获得最佳结果。

综上所述,合同签订问题在创业过程中不容忽视,创业者必须询问法律专业人员,努力提升自身基础法律素养,从而避免合同签订时的法律纠纷。

(三)解决产权保护问题

知识产权保护在创新创业项目中占据着举足轻重的地位。对于创新型创业公司来说,他们的知识产权(如专利、商标、版权等)往往就是他们重要的资产,是他们获得竞争优势、吸引投资、扩大市场、实现商业成功的关键。因此,创业者需要充分认识到知识产权保护的重要性,采取有效的策略和措施,保护自己的创新成果,防止他人的侵权行为。知识产权是一个高度专业化和复杂化的领域,涉及很多法律原则、规则和程序。

对于许多创业者来说,他们可能缺乏相关的知识和经验,不知道如

高校众创空间：创新力量的孵化器

何申请和保护知识产权，不知道如何处理知识产权纠纷。因此，高校众创空间就需要为创业者提供知识产权方面的法律咨询服务。通过这些服务，创业者可以获得关于知识产权的专业建议，理解知识产权的基本概念和种类，了解知识产权的申请和保护程序，学习如何处理知识产权纠纷。这不仅可以帮助创业者避免知识产权方面的风险和损失，也可以增强他们的知识产权意识和能力，促进他们的创新活动。

知识产权保护也涉及商业策略和道德问题。在申请和使用知识产权的过程中，创业者需要考虑如何最大限度地利用知识产权实现商业价值，遵守知识产权的道德规则，尊重他人的知识产权。高校众创空间提供的知识产权法律咨询服务可以为创业者提供关于知识产权策略和道德的建议，帮助他们在维护自己的权益的同时，维护社会的公平和正义。

总的来说，高校众创空间提供的知识产权法律咨询服务，可以帮助创业者理解和处理知识产权问题，确保知识产权的安全有效，促进创业的健康和持续发展。

第三节　加强校方与产业的合作

一、产学研合作项目

产学研合作是指由高等学校、研究机构、企业及其他经济组织联合开展的科学研究、技术开发和创新活动，是当今全球高等教育和科学研究的主要模式之一。

在产学研合作项目中，高校、研究机构和企业共享资源，汇聚优势，开展联合研发。学校提供科研人才和理论知识，企业提供产业需求、实际应用场景和资金支持，共同解决实际问题，开发新的产品或技术。这种方式能够提高科研成果的转化率，使研究成果更快更好地应用到实际生产中，从而提高企业的竞争力和社会经济的发展水平。

第四章 高校众创空间的优化路径

这种合作方式对于学校和企业来说都有显著的好处。学校可以将其研究成果转化为实际应用,提升科研水平,增强社会影响力;学校的教师和学生也可以通过参与实际项目,增强自己的实践能力和创新能力,提升就业竞争力。企业可以通过合作获取学校的最新科研成果,解决生产中的技术难题,提升产品和服务的质量和水平,增强自身的市场竞争力。

实施成功的产学研合作项目需要有一套完善的合作机制:第一,合作双方需要有共享的目标和利益,有共同的研发课题;第二,双方需要有明确的责任和义务,明确各自的工作内容和期望结果;第三,双方需要有有效的沟通机制,定期进行项目进展的交流和评估;第四,双方需要有良好的信任关系,尊重对方的贡献,公平分配合作成果。

产学研合作项目不仅对学校和企业的发展具有重要作用,对于实现我国的科技创新和产业升级,实现经济社会的可持续发展也具有重要的推动作用。因此,我们应当高度重视产学研合作项目的实施,创造有利的环境和条件,促进产学研合作的深入开展。

二、实习和就业合作

实习和就业合作是学校与企业互动的重要渠道之一。通过这种方式,学生有机会接触真实的工作环境,学习实践技能,积累工作经验,了解行业动态和职业发展路径。对于企业而言,这既是吸引和选拔人才的方式,也是与学校建立持久联系,进行产学研合作的有效手段。

实习和就业合作对于学生的成长和发展具有重大意义。实习提供了一个了解职业世界、接触实际工作环境的机会,学生在实习期间能够亲身体验工作的乐趣和挑战,认识到学校课堂中无法接触到的实际问题和解决方案。实习是学生运用和提升专业技能的机会,学生在实习期间需要将在课堂上学到的知识和技能运用到实际工作中,从而加深理解和提升能力。实习是学生建立职业网络和提高就业竞争力的机会,学生通过实习可以接触到行业内的专业人士,建立人脉网络,开阔就业视野,提高就业的竞争力。

对于企业而言,实习和就业合作也具有重大价值。实习为企业带来新的想法和视角,能够推动企业的创新和发展,学生通常具有较强的学习能力和创新意识,他们的参与可以帮助企业抓住新的机遇,应对新的挑战。实习是企业吸引和选拔人才的重要渠道,企业通过实习可以了解和评价学生的能力和潜力,从而有效地吸引和选拔优秀的人才。与学校的合作可以帮助企业与学术界保持联系,了解最新的研究成果和技术动态,提升企业的研发和创新能力。

实习和就业合作的成功需要学校和企业的共同努力。学校需要积极与企业建立联系,了解企业的需求和期望,为学生提供合适的实习和就业信息;学校也需要为学生提供必要的指导和支持,帮助他们成功地实现实习和就业。企业需要积极参与这种合作,提供学生指导和支持,给予学生合理的待遇和尊重,从而创造一种对学生和企业都有益的实习和就业环境。

总的来说,实习和就业合作是一种对双方都有益的合作方式,能够帮助学生更好地过渡到职业人,也能够帮助企业吸引和选拔优秀的人才,增强企业的竞争力和创新能力。

三、校友关系网合作

校友关系网络是学校宝贵的资源之一,其价值在于它涵盖了学校的历届毕业生,他们在各行各业担任着重要的角色,为学校提供了广泛的联系网络。学校可以利用这个关系网络,与校友所在的企业建立合作关系。校友出于对学校的深厚感情和对学校教育的深入理解,他们往往愿意扮演起学校与企业之间的桥梁角色,促进双方的交流与合作。

校友关系网的合作方式非常多样,例如校友可以为学校的学生提供实习和就业机会,帮助学生了解和适应职场环境,提升学生的就业竞争力。校友可以作为企业的代表，与学校进行产学研合作，利用学校的研究资源解决企业的技术难题，推动企业的创新发展。校友还可以通过捐赠或者设立奖学金等方式，为学校的发展提供资金支持。利用校友关系网进行合作，对于学校和企业都有很大的好处。

对于学校而言，这样的合作可以提高其教育质量和社会影响力。学校的教育目标是为社会培养高质量的人才，而校友所在的企业就是这些人才的重要去向。通过与校友所在的企业进行合作，学校可以了解到企业的人才需求和行业发展动态，从而调整教育策略，提高教育质量。学校与企业的合作还可以提高学校的社会影响力，增强学校的品牌效应。

对于企业而言，与学校的合作可以帮助企业吸引和选拔优秀的人才，提升企业的创新能力和竞争力。学校是人才的摇篮，其培养的学生往往具有较强的学习能力和创新精神。通过与学校的合作，企业可以直接接触到这些优秀的学生，选拔和培养他们成为企业的核心员工。学校的科研资源也可以为企业的创新发展提供支持。通过与学校进行产学研合作，企业可以利用学校的科研成果解决技术难题，提升企业的创新能力和竞争力。

第四节 引入前沿技术和理念

一、建立科研合作网络

构筑一个高效的高校众创空间并非一项孤立无援的工作，它需要在全球化的科研生态系统中进行。在这个过程中，与其他高等学府、研究机构及业界领先公司建立深度的科研合作关系是关键的一步，也是引入前沿技术和理念的有效途径。这样的科研合作关系能构建一种协同创新网络，这个网络能够显著丰富高校众创空间的科研资源，将最新的科研成果和技术发展趋势直接展现给创业者，使他们能够接触并利用这些信

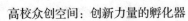

息资源，助力他们的创新和创业项目。

科研合作关系可以通过多种形式实现。最直接的一种方式是联合申请和执行科研项目。通过共同努力解决实际问题，创业者可以从中学习和掌握前沿技术，这不仅使他们得以在实践中观察和感受技术的发展和应用，也能在解决实际问题的过程中培养创新能力和获取实践经验。这种项目合作也能让创业者直接接触到科研的前沿，使他们能够更直观地理解和掌握新技术，从而在创新和创业中更有针对性地利用这些技术。

高校众创空间还可以通过邀请外部专家和教授进行短期访问或举办讲座，引入新的知识和观点。这些专家和教授拥有丰富的专业知识和独特的见解，他们的分享和指导能够为创业者提供新的启发和思考，帮助创业者在创新和创业过程中更好地理解和应用前沿技术。这种与专家直接交流的机会也能让创业者从中学习到科研的方法，培养创业者的科研素养和能力。

高校众创空间的创业者还可以通过参与各种学术会议和研讨会，扩大他们的视野，拓展他们的知识深度和广度。这些会议和研讨会通常涵盖了当前科研领域的热点问题和发展趋势，创业者可以更好地理解科研的现状和未来，也能有机会与其他科研工作者交流思想，结识新的合作伙伴。这样的交流和互动能够帮助创业者建立更广泛的科研网络，开阔他们的科研视野，也为他们的创新和创业项目带来更多的可能性和机遇。

总的来说，通过建立科研合作网络，高校众创空间能够让创业者更接近科研的前沿，让他们在科研的大潮中找到自己的位置，感受到科研的魅力。这种接近前沿的机会不仅可以提高创业者的科研能力，也能激发他们的创新热情，使他们更有信心和决心去追求自己的创业梦想。这种科研合作网络也能帮助创业者将最新的科研成果转化为新的创业项目，使他们的创业项目更具前瞻性和创新性，在激烈的市场竞争中脱颖而出。

第四章 高校众创空间的优化路径

二、引进优秀人才

在如今全球化的时代，对于优秀人才的引进，高校众创空间应该把视线放到全球。引进全球化的优秀人才，不仅是知识和技术的引进，更是全球化视角和国际化经验的融入。这些优秀人才可能是在全球知名学府任职的优秀学者，也可能是在行业里有着卓越成就的研发人员，他们的知识、技能和经验将为高校众创空间注入新的活力，为创业者提供更广阔的视野和更丰富的资源。

来自世界各地的优秀人才通常在他们的领域内有着深厚的研究基础和丰富的实践经验，他们可能已经在全球范围内形成了广泛的人脉关系，有着卓越的学术或行业成就。这些人才的引进可以为高校众创空间带来最新的科研成果和先进的技术，提升高校众创空间的创新能力和科技实力。

全球化的人才不仅会带来前沿的技术和理念，他们的国际化视野和全球化经验也能够为高校众创空间带来新的思维方式和管理模式。这些人才可能已经熟悉全球的创新趋势和市场需求，能够为创业者提供关于全球市场开拓和产品设计的宝贵建议。

全球化人才的引入能够促进高校众创空间与全球的创新网络的连接。这些人才可能已经有了深入全球创新网络的通道，例如与全球知名学府、研究机构、科技公司等建立了良好的合作关系。这些人才的引进可以帮助高校众创空间建立并拓展自己的全球创新网络，使创业者能够直接接触到全球的资源和机会。

全球化人才的引入可以提升高校众创空间的国际化水平。这些人才的国际化经验和全球化视野能够帮助高校众创空间更好地理解和适应全球化的趋势，提升高校众创空间的国际化能力。

综上所述，引进全球化优秀人才是高校众创空间引入前沿技术和理念的重要途径之一。这不仅能够提升高校众创空间的创新能力和科技实力,也能够提升高校众创空间的国际化水平,为创业者提供更广阔的视野和更丰富的资源。为了实现这一目标,高校众创空间需要构建一个公开、透明、公正的人才引进机制,吸引来自世界各地的优秀人才,共同推动高校众创空间的发展。

三、建立技术观察和引进机制

为了有效地引入前沿技术和理念,高校众创空间可以采取主动的态度,建立一个技术观察和引进机制。这个机制的目标是实时追踪全球科技发展动态,捕捉最新的科技成果,评估其价值和适用性,并将其引入高校众创空间中,供创业者学习和利用。运行这个机制需要有一个专门的团队。这个团队需要具有广阔的视野,能够捕捉来自不同领域和地区的科技信息;他们还需要具有专业的评估能力,能够准确地判断科技成果的价值和应用前景。具体来说,技术观察和引进机制的工作流程可以分为以下几个步骤。

(一)收集科技信息

在这个快速发展的科技时代,科技信息的收集是前沿技术引入的首要步骤。高校众创空间的技术观察团队需要定期浏览各类科技期刊、研究报告、新闻稿等,以此来收集和整理全球科技发展的最新信息。通过这些官方和权威的信息源,团队成员可以获取到各个科技领域的最新研究成果、科技政策变化、新兴科技趋势等关键信息。此外,对行业动态的关注也是不可忽视的部分,例如对科技公司的产品更新、技术发布会、行业报告等都应密切关注。这些也是了解技术应用和市场反馈的重要途径。信息收集并不仅限于线上,技术观察团队还可以通过参加各种学术会议、行业展览、技术研讨会等线下活动,直接获取科技前沿的第一手资料。这些活动通常能吸引来自不同领域的专家、学者和企业代表,他们的讲座、展示和讨论能提供丰富的信息来源。通过这些活动,团队成

第四章 高校众创空间的优化路径

员可以与这些专家进行直接交流,了解专家的最新研究和观点,建立长期的合作关系。

需要强调的是,收集科技信息的过程需要全面且持续。全面是指要涵盖各个领域和各个层面的信息,不仅要关注技术本身的发展,还要关注技术如何影响社会、经济、环境等方面。持续则是指要随时保持对新信息的关注,因为科技的发展日新月异,任何时刻都可能出现重大突破和变化。

总的来说,收集科技信息是前沿技术引入的基础工作,也是技术观察团队的重要职责。通过有效的信息收集,团队成员可以对全球科技发展有清晰的了解,为后续的分析、评估和决策提供必要的数据和信息支持。

(二)分析和评估

科技信息的收集只是第一步,前沿科技引入的真正价值体现在对这些信息的深入分析和精确评估上。这个过程要求技术观察团队根据高校众创空间的特点和创业者的需求,对科技成果的价值、潜力,以及在实际应用中的可能影响进行细致的评估。这需要团队成员具备深厚的专业知识、丰富的实践经验和敏锐的市场洞察力。

在此过程中,团队成员需要从科技成果的独创性、科技含量、研发难度、投资成本、市场前景等多个维度进行考察,他们需要利用专业知识判断科技成果的技术先进性和可行性,利用实践经验评估科技成果的实施难度和成本,利用市场洞察力预测科技成果的市场反馈和商业价值。团队成员还需要关注科技成果的社会效应和道德影响,例如一项新的技术可能会对环境、公众健康、数据安全等产生影响,这些都应该在评估过程中被充分考虑。在某些情况下,这些社会和道德因素甚至可能成为科技成果能否被接受和推广的决定性因素。

在科技信息的分析和评估过程中,团队成员需要保持公正和客观的

高校众创空间：创新力量的孵化器

态度，避免受到个人偏好、利益关系等因素的影响。他们需要以科技成果的真实价值和潜力为评估标准，以高校众创空间和创业者的长远利益最大化为目标。

（三）决策和引进

基于对科技信息的深度分析和精确评估，技术观察团队需要做出关键决策，确定是否引入某一特定的技术或理念。这一决策过程应是科学的、客观的，并充分考虑各种潜在的风险与机会。决策过程是一个复杂的过程，包括了技术、商业、社会和伦理等多个层面的考虑。决策之后，团队需要设计详细的技术引进计划。这个计划应该是全面的，涵盖技术转移、人才培养、资金投入等多个方面。

在技术转移方面，计划需要明确如何获取技术的专利，并确定如何将这项技术应用到高校众创空间的实际环境中。这需要通过技术许可、购买专利、研发合作等方式来实现。

在人才培养方面，引进新技术往往需要有能够理解和应用这项技术的人才。因此，计划中需要包含培训和教育计划，确保有足够的人才能够掌握和使用这项新技术。这需要开展专门的培训课程、引入外部专家或者派遣人员去外部机构学习。

在资金投入方面，引入新技术可能需要大量的资金投入。这些资金可能用于支付技术许可费、购买设备、建设实验室、支持研发活动等。因此，计划需要明确这些投入的来源和使用方式，确保技术引进的可持续性。

（四）跟踪和反馈

在技术或理念被成功引入高校众创空间之后，为了确保其在实践中发挥最大的作用，高校众创空间需要建立一种持续的跟踪和反馈机制。这个机制旨在持续监测和评估新技术或理念在高校众创空间中的应用效果,以便做出相应的调整和优化。

在跟踪阶段,团队需要定期进行深度的评估,以了解新技术或理念的实际应用情况,包括使用频率、使用效果、面临的问题以及产生的影响等。这个过程需要收集大量的数据,并进行精确的分析。例如,团队可以通过调查问卷、深度访谈、观察等方式收集数据;通过统计分析、定性分析等方式进行数据处理和分析。这个过程需要多学科的知识和技能,包括科学研究方法、数据分析技术、技术评估理论等。

在反馈阶段,团队需要及时向创业者反馈跟踪结果,解释新技术或理念的优点和缺点,提供改进建议。团队也需要收集创业者的反馈和需求,了解创业者对新技术或理念的实际体验和感受,发现和解决创业者在使用过程中遇到的问题。这个过程需要团队成员有良好的沟通和协调能力,以确保团队和创业者之间的有效信息交流。

通过跟踪和反馈机制,高校众创空间可以持续优化引进的技术或理念,使之更好地服务于高校众创空间的创新和创业活动。这不仅能增强新技术或理念的实际应用效果,也能提升创业者的满意度和忠诚度,增强高校众创空间的吸引力和影响力。这个过程也能为团队提供宝贵的经验,提高他们的技术观察和引进能力,为未来的技术或理念引进提供参考和指导。

第五节　建立开放式创新创业环境

一、促进多元交流与合作

在当今日新月异、快速发展的社会中,促进多元交流与合作是创建一种真正开放的创新创业环境的重要步骤。高校众创空间应当不断拓宽合作伙伴的范围,跨越学术界、工业界、政府部门、投资机构等的界限,建立全方位的交流与合作体系。

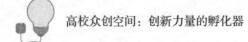

高校众创空间：创新力量的孵化器

（一）与学术界的合作

学术界的合作在高校众创空间建立开放式创新创业环境中发挥着关键的作用。无论是基础研究的深度探索，还是应用研究的实际验证，甚至是对科学问题的哲学思考，这些都为创新创业提供了重要的思维源泉和技术基础。高校众创空间应当深化与各类教育和研究机构的合作，使学术研究与创业实践紧密地结合在一起，互相促进，共同发展。

具体来说，这种合作方式可以使创业者直接接触最新的研究成果，以便在科技前沿的引领下，提高自己的创新能力。通过参与科研项目，创业者可以了解最新的科技动态，掌握最新的研究方法，提升自己的科技素养。这种亲身参与的过程也能让创业者对研究成果有更深入的理解，将这些成果更好地应用到自己的创业项目中。学术界的专家学者也是高校众创空间宝贵的资源。这些专家学者在各自领域有深厚的研究积累和丰富的经验，他们的智慧和知识能够为创业者提供重要的技术指导，帮助创业者解决科技问题；也可以为创业者提供业务咨询，帮助创业者了解市场需求，提高创业者的业务能力。这些专家学者还可以通过自己的影响力和人脉，为创业者提供重要的社会资源，帮助创业者更好地融入社会，实现创业目标。

综上所述，高校众创空间应当深化与学术界的合作，使学术研究与创业实践相结合，推动科技创新和创业发展。这种合作方式不仅可以提升创业者的科技素养和创新能力，也可以推动科学研究的应用，促进社会经济的发展。

（二）与工业界的合作

工业界的合作在高校众创空间打造开放式创新创业环境中扮演了非常重要的角色。工业界是技术应用的主要场所，它直接关联到社会的生产力水平和经济发展状况。在这样的背景下，高校众创空间应当

第四章 高校众创空间的优化路径

充分利用与工业界的合作，促进技术的转化和应用，推动创新创业的实践活动。

工业界与高校众创空间的合作，可以帮助创业者更好地理解和适应市场环境。创业者可以通过与企业的合作，了解行业的最新动态，掌握市场的实际需求，针对这些需求进行产品和服务的研发和优化。这种接触和理解市场的过程，对创业者来说是一种非常宝贵的学习和成长的机会；这种基于市场需求的创新活动，也更容易获得市场的认可和支持，提高创业的成功率。

企业也可以从工业界与高校众创空间的合作中获益。高校众创空间是创新创业的重要场所，这里充满创新的思维和活力，每时每刻都在孕育着新的科技成果和商业模式。企业可以通过与高校众创空间的合作，获取这些新的创新成果，将其转化为企业的产品和服务，提升企业的竞争力。企业也可以通过与高校众创空间的合作，开展人才培养和人才储备，为企业的发展提供强大的人力资源支持。

因此，高校众创空间应当积极开展与工业界的合作，将科技研究与市场需求相结合，促进创新创业的实践和发展。这种合作方式不仅能够提升创业者的实践能力和市场敏感度，也能够推动科技成果的转化和应用，形成学术界和工业界的双赢局面，推动社会经济的发展。

（三）与政府部门的合作

政府部门的参与在建立高校众创空间的开放式创新创业环境中具有极其重要的作用。政府作为社会治理的主体，既是创新创业活动的管理者，也是创新创业活动的服务者和推动者。在这个过程中，政府的政策导向和公共服务功能发挥着关键作用。

政府可以通过多种方式参与和支持高校众创空间的工作。政府可以提供各种政策支持（包括税收优惠、补贴资助、优惠贷款等）降低创业者的创业成本，鼓励创新创业活动，通过调整行政审批流程，为创业者提供便捷的创业环境。这种政策支持对于创业者来说,既可以降低创业的风险,也可以提高创业的收益,从而激发创业者的创业热情。政府也可以通过高校众创空间,吸引更多的高新技术企业在本地落户。高校众创空间是高新技术企业的摇篮,这里有丰富的科技资源、优秀的人才储备和活跃的创新氛围。政府可以利用这些优势,制定相应的政策,吸引更多的高新技术企业选择在本地创业或者扩展业务。这样不仅可以带动地方经济的发展,也可以为创业者提供更多的就业和创业机会,形成良好的创新创业生态。

总之,与政府部门的合作是建立开放式创新创业环境的重要组成部分。高校众创空间应当积极与政府部门建立合作关系,充分利用政府的政策和资源,促进高校众创空间的发展,推动创新和创业的发展。

(四)与投资机构的合作

投资机构的参与在高校众创空间建立开放式创新创业环境的过程中,扮演着无可替代的角色。这些机构包括风险投资基金、天使投资人、股权投资基金、银行和其他贷款机构等。投资机构通过投资活动为创业者提供资金支持,是实现创新成果商业化的重要推动力。对于高校众创空间和创业者来说,与投资机构的合作带来的好处是多方面的。

投资机构的资金支持可以大大降低创业者的创业门槛。创业过程中的初创阶段是资金需求最大、融资难度最大的时期,而投资机构的参与可以帮助创业者渡过这个难关,让创业者能够更加专注于产品研发和市场拓展。

投资机构的参与可以提升创新创业活动的活跃度。投资机构不仅提供资金支持,还提供了一种有效的创业激励机制。投资机构通过投资决策,表明了对创新创业项目的认可和期待,这对于创业者来说是一种巨大的鼓励,可以激发创业者的创新激情,推动创业者不断尝试、不断前进。

第四章 高校众创空间的优化路径

投资机构也可以通过高校众创空间，发现和挖掘有潜力的创业项目。高校众创空间可以开展众多的创新创业活动，这里有丰富的创新成果、有价值的商业模式和优秀的创业团队。投资机构可以通过密切关注和参与高校众创空间的活动，提前发现并投资这些有潜力的项目，获取更高的投资回报。

总的来说，与投资机构的合作是高校众创空间建立开放式创新创业环境的重要组成部分。高校众创空间应当积极与投资机构建立合作关系，共同推动创新创业活动的发展，实现创新成果的商业化，为社会带来更大的价值。

二、提供全方位服务

高校众创空间在推动创新创业的过程中，必须以提供全方位的服务为基础，从项目策划、技术研发、市场推广、法律咨询、财务管理等方面，为创业者提供一站式服务。这种全方位的服务不仅有助于缩短创业者的学习周期，也能帮助创业者应对创业过程中常见的困难和挑战，让创业者专注于自己擅长的部分，即技术创新和市场开发。

（一）项目策划服务

项目策划是创新创业的首要步骤，是确定企业发展方向、明确市场定位、规划产品开发和市场推广策略、优化商业模式的重要环节。高校众创空间从项目策划服务出发，可以为创业者提供全面的商业计划指导，从而形成完善的创业计划。

项目策划服务能帮助创业者明确创业目标，提供目标市场的定位分析和商业模式的设计。高校众创空间可以邀请经验丰富的创业导师和行业专家，以举办研讨会与讲座、提供咨询等方式，帮助创业者对市场进行深入研究，形成精准的市场定位，进一步确定创业目标和商业模式。

项目策划服务还包括为创业者提供产品开发和市场推广策略的规划。

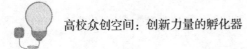

高校众创空间可以利用其丰富的资源和专业能力,帮助创业者制定出实施步骤清晰、具有可操作性的产品开发和市场推广方案,确保创业项目能够顺利进行。

项目策划服务也涉及商业模式的优化。商业模式是企业盈利模式的核心,它决定了企业的价值创造和收入来源。高校众创空间可以根据创业者的实际情况和市场需求,帮助创业者进行商业模式的优化,提高企业的竞争力和盈利能力。良好的项目策划也能够吸引投资,提高项目的融资能力。详尽而具有前瞻性的项目策划不仅能够帮助创业者自我理解,更能使外部投资者看到项目的潜力和价值,从而吸引更多的投资,提高项目的融资能力。

总的来说,高校众创空间的项目策划服务为创业者提供了全面的指导和支持,使创业者能够在创业初期就拥有清晰的方向和策略,从而提高创业的成功率,实现创新创业的目标。

(二)技术研发服务

技术研发是创新创业过程中的重要一环,它关系到创新成果的生成和企业产品的市场竞争力。高校众创空间在这一方面能够提供多元化的支持服务,帮助创业者降低技术研发难度,提升技术创新能力,加快产品上市的步伐。

高校众创空间可以为创业者提供一系列技术研发的资源。这些资源包括高端的研发设备、专业的实验环境、丰富的技术文献等资源。例如,高校众创空间可以通过与科研机构、高校、企业等进行合作,共享其研发设备和实验设备,让创业者能够以较低的成本获得先进的研发工具。高校众创空间也可以引导创业者利用在线资源(如学术数据库、专利库等),以获取丰富的技术文献和研究资料。

高校众创空间可以为创业者提供专业的技术指导服务。高校众创空间可以组织经验丰富的技术专家、学者对创业者进行面对面的指导,帮

第四章 高校众创空间的优化路径

助创业者解决技术研发过程中遇到的难题,提高解决问题的能力。这种技术指导服务可以具体到项目的每一个环节,从产品设计、原型制作,到后期的改进优化,都可以获得专家的建议和指导。

高校众创空间还可以提供技术研发的资金支持。资金是技术研发的重要保障,缺乏资金将直接影响研发的进度和质量。高校众创空间可以帮助创业者与各类投资机构建立联系,甚至自己设立专项研发基金,为创业者提供研发资金支持。

为了帮助创业者拓宽视野,了解最新的技术动态,提高创业者的技术创新能力,高校众创空间还会定期举办各类技术研讨会、专家讲座等活动。通过这些活动,创业者可以及时了解全球最新的科技发展趋势,理解新技术的工作原理和应用场景,从而提高自己的技术创新能力。

(三)市场推广服务

市场推广在创新创业的过程中,占据着不可或缺的地位。高校众创空间在这方面有着极大的潜力和优势,通过提供市场推广培训、组织销售活动、提供市场信息等全方位的服务,可以为创业者构建坚实的市场基础,进而使他们的产品和服务更好地被市场接纳,扩大销售规模,提高企业经济效益。

高校众创空间可以提供专业的市场推广培训服务。这种培训涵盖了市场调研、品牌建设、营销策略等方面的知识,可以帮助创业者掌握市场推广的基本技巧和策略。通过这种培训,创业者可以了解市场推广的基本规律和技巧,学习如何分析市场趋势、如何制定合理的市场策略、如何建立有效的品牌形象、如何进行有效的产品定位等重要知识。这些知识可以帮助创业者准确把握市场脉搏,制定有效的市场策略,提高产品的市场接受度。

高校众创空间可以通过组织各种销售活动,帮助创业者扩大产品的市场影响力。这些活动包括产品展示会、商业路演、行业交流会等。通

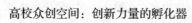

过这些活动，创业者不仅可以向公众展示他们的产品和技术，还可以结识潜在的客户、合作伙伴和投资者。这种方式可以大大提高创业者的市场知名度，拓宽他们的销售渠道，增加他们的销售机会。

高校众创空间还可以为创业者提供关于市场的最新信息和数据，帮助他们更好地了解市场环境和趋势。这些信息包括行业动态、市场研究报告、消费者行为分析、竞争对手情况等。通过对这些信息的分析，创业者可以及时调整他们的市场策略，以适应市场的变化。

总之，高校众创空间在市场推广服务方面的作用不可忽视。通过提供市场推广培训、组织销售活动、提供市场信息等全方位的服务，高校众创空间可以帮助创业者形成和扩大市场影响力，使他们的产品和服务得到更广泛的认可，从而扩大销售规模，提高经济效益。这种全方位的服务也有助于创业者提高自身的市场推广能力，使他们能够在未来的发展中更好地应对市场的挑战。

（四）法律咨询和财务管理服务

法律咨询在创新创业过程中发挥着至关重要的作用。在创业过程中，创业者往往缺乏对法律法规的深入了解，但对于企业的生存和发展来说，合规经营是一个关键的要素。高校众创空间在这方面提供的专业法律咨询服务，可以帮助创业者在创业初期就建立合法合规的经营环境，避免由法律问题带来的潜在风险。

在提供法律咨询服务的过程中，高校众创空间可以帮助创业者理解和应对一系列的法律问题，包括但不限于公司设立、知识产权保护、合同签署、税务处理、劳动关系确立等问题。这些法律服务的提供，不仅可以降低创业者在创业过程中面临的法律风险，而且可以在一定程度上提高创业者对法律规定的认知，增强他们的法律意识。

除了法律咨询服务，高校众创空间还可以为创业者提供财务管理服务。财务管理是企业运营的重要组成部分，特别是对于新兴创业企业来

第四章 高校众创空间的优化路径

说，良好的财务管理可以有效地支持企业的运营，促进企业的健康发展。高校众创空间在这方面可以提供一站式的财务管理服务，包括但不限于资金筹措、成本控制、财务分析、税务规划等。这些服务可以帮助创业者在财务问题上做出明智的决策，提升财务管理效率，从而更好地推动企业的发展。

总的来看，对于创业者来说，法律咨询和财务管理服务是他们在创业过程中不可或缺的支持。高校众创空间提供这两项服务，既可以帮助创业者避免一些潜在的法律和财务风险，也可以为他们在创业过程中提供持续的法律和财务支持。这种全方位的服务，让创业者能够将更多的精力投入创新和市场开发上，促进了创业活动的稳定和持续发展。

三、建立开放创新平台

开放创新平台的建立是高校众创空间建立开放式创新创业环境的重要途径。这种平台以科技创新为核心，通过集聚各方资源和智慧，形成一个全方位、多角度、跨领域的创新生态系统，为创业者提供从创新思维到创新实践的全过程服务。

开放创新平台的建立体现在资源整合上。在创业过程中，创业者不仅需要具备科技创新的能力，还需要获得资金、设备、人才等各类资源的支持。高校众创空间可以通过与学术界、工业界、政府部门、投资机构等多方合作，集聚各类创新资源，为创业者提供全面的支持。

开放创新平台的建立还体现在知识交流上。在科技创新过程中，创新思维的碰撞和知识的交流至关重要。高校众创空间可以通过组织研讨会、讲座、论坛等活动，建立一个知识交流的平台，促进创业者之间、创业者与专家之间的交流，激发创新思维，推动创新理念的形成和传播。

开放创新平台的建立也体现在科技成果的转移和转化上。科技创新成果的产生只是创新过程的一部分，如何把这些创新成果转化为具有市场竞争力的产品，是创新过程的重要环节。高校众创空间可以通过与工业界的深度合作，推动科技成果的转移和转化，帮助创业者实现科技成果的商业化。

可以说高校众创空间的开放创新平台不仅集聚了各类创新资源，搭建了知识交流的平台，推动了科技成果的转移和转化，还提供了全方位的项目孵化服务，这为创业者的创新创业提供了强有力的支持，对推动社会经济的创新发展起到了积极的作用。

第五章　高校众创空间的创新发展

第一节　开创高校众创空间国际发展平台

一、构建国际化的伙伴网络

构建国际化的伙伴网络是开创高校众创空间国际发展平台的关键步骤之一。这种网络能够有效地引进全球范围内的优质资源,拓展创业者的国际化视野,推动高校众创空间的全球化进程。这样的伙伴关系可以分为与海外高校、科研机构、创业孵化器、投资机构等不同类型的合作伙伴关系。

（一）与海外高校的合作

海外高校是知识和创新的摇篮,高校众创空间与海外高校的深度合作是高校众创空间国际化发展路线的重要一环。通过与海外高校的合作,高校众创空间可以从科研、人才和项目三个方面获得重要的国际化资源,提升自身的国际化水平,推动创业项目的全球化发展。高校众创空间也可以借此机会向海外高校学习先进的创业教育模式和科研管理经验,提升自身的创业教育质量和科研能力,为推动国内创新创业教育的发展做出积极贡献。

在科研交流方面,海外高校通常具有优秀的科研团队和丰富的研究成果。高校众创空间与海外高校合作,可以定期组织科研研讨会、学术研讨会等活动,引入最新的科研成果,推动创业者对新知识、新技术的学习和掌握。这样可以促进科技成果的快速转化和应用,提高创业项目的科技含量和创新水平。

在学生交流方面,海外高校的学生群体多元化,拥有多元的创新思维和独特的创业理念。高校众创空间可以通过交换生项目、联合培养项目等方式,吸引海外学生参与创业项目,丰富和扩大创业团队的元素和视野,推动团队的多元化发展。高校众创空间的创业者也可以借此机会走出国门,亲身体验国际化的创业环境,拓展自身的国际化视野和能力。

在项目合作方面,海外高校往往拥有丰富的科研项目和创业项目。高校众创空间可以与海外高校开展项目合作,引入优质的项目资源,提升创业项目的质量和效益。高校众创空间的创业项目也可以通过这种方式进入海外市场,拓展项目的商业化空间,推动项目的国际化进程。

(二)与科研机构的合作

科研机构是科技创新的源泉和推动力。通过与科研机构的深度合作,高校众创空间可以引入最新的科技研究成果,提升创业者的科技创新能力,推动创新成果的快速转化和应用,为推动高校众创空间的国际化发展提供重要的技术支撑和资源保障。通过这种合作,高校众创空间也可以提升其国际影响力。

科研机构通常具有丰富的研究资源和优秀的研究团队,他们在各自的领域里不断进行深入研究,取得了一系列重要的科技成果。通过与科研机构合作,高校众创空间可以引入这些最新的科技成果,丰富自身的技术库,为创业者提供更多的技术选择和应用可能。这不仅可以促进创

第五章　高校众创空间的创新发展

业项目的技术水平提升,也有利于推动创新成果的快速转化和应用。

科研机构的研究人员往往是各个领域的专家,他们对全球科技发展的前沿趋势有深入的了解和独特的见解。通过与科研机构合作,高校众创空间可以邀请这些专家举办技术讲座、进行项目指导等,分享他们的研究心得和行业经验,帮助创业者提升科技创新能力,引导创业者向更有价值、更有潜力的方向发展。

科研机构也是重要的技术咨询和指导资源。高校众创空间可以通过与科研机构合作,为创业者提供专业的技术咨询和指导服务,解决创业过程中遇到的技术难题,降低创新创业的风险,提高创业成功率。

(三)与创业孵化器的合作

创业孵化器是一个专门为早期创业公司提供支持和帮助的机构,通常为创业者提供资金、办公空间、专业培训和导师指导等多种资源,目的是帮助创业公司尽快成长并成功。对于高校众创空间来说,与创业孵化器的合作可以极大增强其支持创业的能力。

创业孵化器是一个富有创业资源的平台。创业孵化器通常与众多投资机构、企业、科研机构及各种行业专家有深厚的联系,这些资源对于创业者来说极其重要。通过与创业孵化器合作,高校众创空间可以引入这些丰富的创业资源,帮助创业者解决创业过程中可能遇到的各种问题(如资金、技术、市场等),从而提高创业项目的成功率。

创业孵化器在创业培训和指导方面拥有丰富的经验和专业知识。创业孵化器通常会组织各种创业培训课程(如商业模式设计、团队建设、融资策略等),以提升创业者的创业能力。创业孵化器也会引入各种行业的专家和创业成功者作为导师,为创业者提供一对一的指导,让创业者不走弯路或少走弯路,提升创业效率。通过与创业孵化器合作,高校众创空间可以引入这些优秀的创业培训和指导资源,从而帮助创业者更好地发展他们的创业项目。

创业孵化器也会组织各种创业活动（如路演、创业大赛、交流会等），可以帮助创业者扩大网络，结识更多的同行和投资者；也可以提高创业者项目的曝光度，为他们吸引更多的关注和资源。通过与创业孵化器合作，高校众创空间也可以引入这些活动，为创业者提供更多的展示和交流的机会。

（四）与投资机构的合作

投资机构包括风险投资、天使投资、私人股权投资等，对于高校众创空间和其中的创业者而言，投资机构具有重要的作用。投资机构不仅可以提供资金支持，帮助创业项目度过最初的成长阶段，也能够带来宝贵的商业知识和经验，使创业者能更好地进行商业化运营。

资金对于任何创业项目都是至关重要的。创业者需要资金来进行产品开发、市场推广、团队构建等活动，这些活动都是项目成功的关键因素。投资机构可以提供必要的资金支持，降低创业者的财务压力，使创业者全身心投入创新和创业中。获得投资机构的投资不仅意味着资金的注入，也代表了外界对项目的认可，这对于提升项目的信誉度和吸引更多的资源都有着积极的影响。

投资机构通常具有丰富的商业经验和专业知识，了解市场动态，精通商业运营策略，对项目发展有深入的理解和独到的见解。这些都是创业者在创业初期所缺乏的。通过与投资机构合作，创业者可以获取这些宝贵的经验和知识，避免在商业化运营中走弯路，提升项目的成功概率。

投资机构还可以为创业者提供网络资源。

投资机构通常与其他企业、政府机构、行业协会等有深厚的联系，可以帮助创业者接触到这些重要的商业伙伴，为创业项目的发展开辟更广阔的道路。

第五章　高校众创空间的创新发展

二、建立海外创新实践基地

海外创新实践基地的建立可以为高校众创空间的学生和创业者提供一个在全球范围内深入了解和体验创新创业活动的机会，能够推动跨文化的创新思维的发展，打开海外市场的门户，有利于国际化人才的培养。海外创新实践基地是一种在国外设立的、面向全球的创新活动场所，通常由学校、企业、政府或非政府组织等机构共同建立和运营，为学生和创业者提供从项目策划、产品开发、市场推广到企业运营等全方位的实践经验。海外创新实践基地还能为学生和创业者提供一个深入了解当地文化、市场和创新生态的平台，帮助他们更好地在全球化的环境中生存和发展。

海外创新实践基地可以提供一种跨文化的创新环境。在这样的环境中，学生和创业者可以与来自不同文化背景的人一起学习和工作，增强跨文化交流能力，拓宽视野，激发创新思维。学生和创业者可以借鉴不同文化中的创新理念和方法，形成自己独特的创新策略和方案。

海外创新实践基地可以作为进入海外市场的跳板。在基地中，学生和创业者可以直接接触当地市场，了解消费者需求，发现商机，实现产品的本土化，为企业的海外拓展提供有力的支持。

海外创新实践基地还有利于国际化人才的培养。基地的建立不仅可以提供实践机会，还可以引入海外的优质教育资源（如海外的名师讲座、国际创新竞赛等），提高学生和创业者的国际化素质，培养他们在全球范围内开展创新创业活动的能力。

三、开展国际化的项目孵化

在高校众创空间中开展国际化的项目孵化是推动其国际化发展的重要方式。这种方式有助于优化创业环境，提升创业项目的成功率，进一步推动全球化的创新创业活动。国际化的项目孵化就是通过整合全球的资源和智慧,对创业项目进行全方位的支持和辅导,包括项目策划、产品研发、市场营销、资金筹备、团队建设等。这种方式不仅可以提高创业项目的成功率,也有助于提升高校众创空间的国际影响力。

在推动国际创新文化的融合方面,高校众创空间可以发挥多元文化的作用,整合不同文化背景下的创新理念和实践。这种跨文化的创新实践不仅能够拓宽创业者的全球视野,还能够提高创业者在全球化环境下进行创新创业的能力。高校众创空间可以通过组织各类国际创新论坛、研讨会、工作坊等活动,为创业者提供了解和学习全球最新创新趋势和实践的机会。这些活动可以涵盖各个领域的创新主题,如技术创新、商业模式创新、社会创新等。通过这些活动,创业者不仅可以了解全球的创新趋势和实践,还可以与来自世界各地的创新者进行交流和互动,从而获得新的创新灵感和视角。

在引导创业者承担国际社会责任方面,高校众创空间需要强调的不仅是创新和创业的经济价值,更重要的是其社会价值和影响力。在这个全球化世界中,企业不仅需要追求经济效益,还需要关注其对社会和环境的影响。这就需要创业者具备广阔的全球视野和强烈的社会责任感。高校众创空间可以通过提供相关的培训和教育,帮助创业者了解和理解国际社会责任的重要性。例如,高校众创空间可以开设关于可持续发展、环境保护、社会公益等主题的课程和讲座,使创业者明白他们的创新活动和商业模式如何影响社会和环境,并知道如何在此基础上采取相应的措施、承担相应的责任;高校众创空间也可以通过建立相关的奖励和支持机制,鼓励和支持创业者在他们的创业项目中实现和体现国际社会责任。

总的来说,高校众创空间在推动国际创新文化的融合和引导创业者承担国际社会责任方面,有着重要的作用和责任。通过实现这两方面的目标,高校众创空间可以有效提升其自身的国际影响力和竞争力。

第二节 优化高校众创空间产业协调机制

一、建立灵活的技术转移机制

高校众创空间需要构建一套灵活、高效的技术转移机制,促进科研成果的快速转化。建立灵活的技术转移机制应从以下几个方面进行深入思考和实施,如图 5-1 所示。

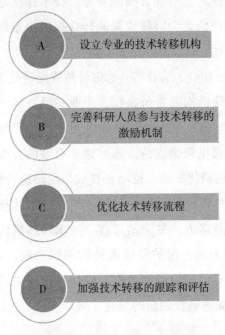

图 5-1 建立灵活的技术转移机制

(一)设立专业的技术转移机构

在高校众创空间设立专业的技术转移机构是一项重要的创新举措,对于推动科研成果的快速转化至关重要。技术转移机构的核心意义在于它起到了连接科研成果与市场需求的桥梁作用。技术转移机构是实现科技成果转化为实际产品和服务的重要环节,是科研人员、企业和投资人之间的重要纽带。设立技术转移机构应遵循以下几个原则。

第一,引导并资助专业化的技术转移机构。高校众创空间需要通过合理的政策引导和经济激励,使技术转移机构能够在市场竞争中立足并发展。技术转移机构应具备独立的法人地位和相对的决策自主权,以便根据市场变化和科研成果的特性,灵活决策。

第二,技术转移机构应具备全面的服务能力。这里的服务包括技术评估、技术推广、技术交易等方面的服务。技术评估是对科技成果的价值和市场前景进行评估,为科技成果的转化提供决策依据;技术推广是将科技成果推向市场,使其得到更广泛的认知和应用;技术交易是通过各种方式(如许可、转让、合作等),将科技成果转化为经济效益。

第三,技术转移机构需要与高校、企业和投资者建立紧密的合作关系。高校可以提供丰富的科研成果,企业可以提供市场需求和实际应用场景,投资者可以提供资金支持。通过建立有效的合作机制,技术转移机构可以实现资源的最优配置,推动科技成果的快速转化。

第四,技术转移机构需要保护科技成果。技术转移并非简单的一步操作,而是一个涉及多方、复杂的过程。技术转移机构在工作中需要遵循科技成果的保护原则,保护科研人员的知识产权,并在科研、市场、资金等各方面进行有效的协调和平衡,确保科技成果能够顺利地从实验室走向市场,从而促进科技创新的快速发展。

(二)完善科研人员参与技术转移的激励机制

科研人员在科技成果转化过程中的作用至关重要,他们不仅是科研成果的主要创造者,也是推动科技成果转化的主要力量。因此,如何完善科研人员参与技术转移的激励机制,成为一项重要的任务。完善的激励机制能够激发科研人员的创新热情,提高他们对科研成果转化的参与度,从而提高科技成果转化的效率。

对科研人员给予经济激励是一种有效的方式。科研成果的产生需要

第五章 高校众创空间的创新发展

科研人员付出大量的精力和时间。因此,当科研成果能够转化为实际产品或服务并带来经济效益时,科研人员应该得到相应的回报。经济激励可以采取多种形式(如分红、股权等),以体现对科研人员努力的认可和回报。

职业发展激励也是十分重要的。职业发展激励可以通过优化科研人员的职称评定、科研项目评选等方式实现。例如,在职称评定时,我们可以对参与技术转移的科研人员给予更高的评价和肯定,从而鼓励更多的科研人员参与到技术转移中来。

高校众创空间可以通过提供培训、交流等方式,帮助科研人员提升技术转移的能力。这些培训可以包括技术评估、市场分析、商业谈判等方面,使科研人员在参与技术转移过程中能够更好地发挥作用。

高校众创空间还应在政策上对科研人员参与技术转移给予支持(如提供科技成果保护、技术转移咨询、合同签订等服务),保障科研人员的利益。

总的来说,完善科研人员参与技术转移的激励机制,需要结合经济激励、职业发展激励、能力提升和政策支持等多种方式,形成一个全面的、有效的激励体系。这既可以充分调动科研人员的积极性和创新性,也有利于提高科技成果转化的速度和效果。

(三)优化技术转移流程

技术转移是科研成果向市场转化的关键步骤,高校众创空间应对技术转移流程进行全面的优化。

高校众创空间需要建立科研成果的初步筛选机制。科研成果的初步筛选是优化技术转移流程的第一步,其目的是将具有商业前景的科技成果筛选出来,为后续的技术转移工作提供基础。筛选机制应尽可能客观公正,考虑科研成果的创新性、实用性、市场前景等多方面因素。

优化技术转移流程需要专业的技术评估。这一步骤需要有深厚科技背景和市场敏感度的专业人员来进行。技术评估主要是对科研成果的技术水平、市场前景、经济效益等进行全面分析，以确定其转化的价值和可能性。在这一步骤中，高校众创空间需要提供专业的评估工具和标准，以保证评估结果的科学性和公正性。

优化技术转移流程需要技术包装。在科研成果被评估为具有转化价值后，我们需要对科研成果进行技术包装，将其包装成可供市场理解和接受的产品或服务。技术包装包括制定技术规格、设计包装方案、制作技术推广材料等环节，目的是将科研成果以市场可以接受的方式呈现出来。

优化技术转移流程还需要有效的市场推广策略。科研成果的转化需要得到市场的认同和接受，因此高校众创空间需要制定出具有针对性的市场推广策略，将科研成果推广到潜在的用户和消费者中去。

总的来说，优化技术转移流程需要从成果筛选、技术评估、技术包装、市场推广等多个环节进行，每个环节都需要有专业人员进行操作和管理。优化技术转移流程不仅要求提高流程的效率，也要保证流程的公正性和科学性，以便于更好地实现科研成果的市场化和产业化。

（四）加强技术转移的跟踪和评估

加强技术转移的跟踪和评估是确保科技成果转化效果以及优化技术转移机制的重要环节。这一过程能够帮助高校众创空间实时了解科技成果的转化情况，提早发现和解决问题，借此反馈和优化技术转移的流程和策略。

高校众创空间要建立一套健全的技术转移跟踪系统。这个系统需要能够全面、准确地记录和追踪科技成果从高校众创空间到市场的整个转移过程，包括技术转移的各个环节、参与者的角色和行为、科技成果转化的时间和效果等。这样，我们就能够对技术转移的全过程进行实时监控，以便发现和解决问题。

第五章 高校众创空间的创新发展

高校众创空间要进行深入的评估。评估的目的不仅在于了解科技成果转化的实际效果，还包括找出技术转移过程中存在的问题和瓶颈，以便进行后续的改进。评估应该包括对科技成果的商业效益、社会效益、环境效益等多方面进行评价。

高校众创空间要关注技术转移过程中的各方参与者，包括科研人员、技术转移机构、企业和投资者等。高校众创空间需要了解这些参与者在技术转移过程中的需求和困难，这可以帮助我们更好地理解技术转移的实际情况，从而制定出更符合实际需求的技术转移策略和机制。

二、推进产业链的整合优化

推进产业链的整合优化对于发展高校众创空间具有关键作用，可以帮助高校众创空间优化产品、提升竞争力。

（一）进行产业链深度调研

产业链深度调研是推进产业链整合优化的基础。调研的目的是全面了解产业链的现状、发展趋势、市场需求、关键技术、竞争环境等，为高校众创空间制定策略提供科学依据。深度调研涉及产业经济学、市场营销、技术管理等多个学科领域的知识，高校众创空间需要利用自身的科研资源或者聘请专业机构进行调研。

深度调研不仅需要收集大量的数据进行量化分析，也需要进行质性研究（如专家访谈、案例研究等），以获取更深层的信息。调研的过程也应该充分利用互联网和大数据技术，获取最新的市场信息和用户反馈。

深度调研的结果应该被整理成调研报告，以直观的方式展示产业链的全貌，包括产业链的结构、主要参与者、核心竞争力、发展瓶颈、市场机会等。这些信息是高校众创空间制定战略、设计服务、建立合作关系的基础。深度调研是一个持续的过程，随着市场环境和技术的变化，高校众创空间需要定期进行调研，及时更新对产业链的认识，以适应不断变化的环境。

（二）积极寻找上下游合作伙伴

积极寻找上下游合作伙伴是推进产业链整合优化的关键环节。通过与产业链上下游的企业、研究机构、政府等建立合作关系，高校众创空间可以将自身的创新资源有效地整合到产业链中，推动产业链的发展。

寻找合作伙伴的过程需要高校众创空间充分利用自身的专业知识和网络资源。通过参加行业会议、访问企业、发布合作信息等方式，高校众创空间可以接触到潜在的合作伙伴，了解他们的需求，展示自己的优势。

与合作伙伴的关系应该建立在互利的基础上，高校众创空间可以通过提供技术咨询、项目孵化、市场推广等服务，帮助合作伙伴实现业务目标，获取相应的回报，实现共赢。

与合作伙伴的关系也需要维护，高校众创空间需要与合作伙伴定期沟通，及时解决问题，满足变化的需求，保持合作关系的稳定。

（三）全方位布局产业链

全方位布局产业链是推进产业链整合优化的重要策略，这需要高校众创空间根据自身的优势和产业链的需求，精心设计服务和产品，实现在产业链中的全面覆盖。

全方位布局的第一步是确定在产业链中的定位。高校众创空间可以选择在产业链的某一环节深入发展（如专注于技术研发或者服务于市场推广），也可以选择在产业链的多个环节提供服务（如同时提供技术研发、项目孵化、市场推广等服务）。

全方位布局的第二步是设计适应产业链需求的服务和产品。高校众创空间应根据产业链的特性，并结合自身的优势，创新设计服务和产品，满足产业链各环节的需求。

全方位布局的第三步是落实服务和产品,实现在产业链中的覆盖。高校众创空间需要通过有效的营销和运营,使服务和产品真正落实,为产业链带来价值。

全方位布局的第四步是持续优化服务和产品。高校众创空间需要通过数据分析、用户反馈、市场反馈等方式,持续优化服务和产品,提升服务质量和用户体验。

三、建立行业领先的标准体系

建立行业领先的标准体系是高校众创空间在产业链整合优化中的重要方略之一,其主要目的是为行业内的参与者提供一个明确的、统一的参考框架,确保产品、服务和流程的质量,推动产业的规范化和标准化进程。技术创新的每一个阶段,都存在相应的标准需求。从研发阶段的技术规格,到生产阶段的质量管理,再到市场阶段的使用和服务标准,高校众创空间都可以参与这些标准的制定并推动其实施。

(一)高校众创空间要积极参与行业标准的制定

高校众创空间积极参与行业标准制定的过程是推动整个创新生态系统向前发展的关键。制定适当的行业标准不仅能为相关的技术和产品提供一个明确的参考框架,还能帮助行业保持健康的竞争环境,对于高校众创空间来说,参与行业标准制定也是提升自身影响力的重要途径。

要制定行业标准,高校众创空间的工作人员就必须具备一定的专业知识和技术能力。他们不仅需要对行业内的技术、流程和产品有深入的理解,还需要了解相关的法规和政策。这些工作人员还需要拥有一定的预见性,能够准确把握和预测技术发展的趋势,以确保制定的标准不仅符合当前的需求,也能满足未来的发展。

要制定行业标准,高校众创空间还需要与行业内的其他参与者建立良好的合作关系，包括与其他的企业、研究机构、政府部门等进行密切的交流和合作，共同制定行业标准并推动其实施。高校众创空间也需要与这些机构共享信息，交流经验，共同推动行业的发展。

在参与行业标准制定的过程中，高校众创空间需要发挥自身的专业优势。例如，高校众创空间可以利用自身丰富的技术研发经验，为标准的制定提供科学依据；可以利用自身广泛的合作网络，推动标准的实施；还可以利用自身的资源优势，为标准的实施提供支持和帮助。

在参与标准制定的过程中，高校众创空间还需要关注和处理一些可能出现的问题。例如，如何确保标准的公平性和公正性；如何处理标准制定中的利益冲突；如何确保标准的科学性和实用性；如何在满足多元化需求的同时，保持标准的统一性和连贯性。

（二）高校众创空间要推动行业标准的实施

推动行业标准的实施是高校众创空间推动产业健康发展、提升自身影响力的重要环节。标准的制定仅是第一步，实施才是让标准真正发挥其应有作用的关键。只有被广泛、深入实施，标准才能对整个产业链产生积极影响，推动产业的健康、规范发展。因此，高校众创空间需要结合自身的优势和资源，进行多角度、全方位的标准实施推动工作。

高校众创空间需要借助自身的影响力和合作网络，加大标准推广力度。高校众创空间可以通过业界大会、专业研讨会、网络平台等各种渠道，积极宣传和推广标准，使更多的行业内企业和机构了解并接受标准。高校众创空间也可以与各级政府部门、行业协会、研究机构等合作，通过共享资源、共同推广等方式，扩大标准的影响范围。

高校众创空间可以提供一系列的服务，帮助企业了解和使用标准。例如，高校众创空间可以提供标准解读和咨询服务，帮助企业正确理解和应用标准；可以提供标准培训服务，提升企业员工的标准意识和技能；可以提供标准认证服务，帮助企业验证和提升其产品、服务或流程的标准符合性。

第五章　高校众创空间的创新发展

高校众创空间也可以借助自身的研发能力和资源,参与标准的实施和推广。例如,高校众创空间可以参与到标准相关的科技项目中,通过实践验证和推动标准的实施;可以将标准引入自身的研发和运营活动中,通过示范引导行业内其他企业遵守标准。

高校众创空间在推动标准实施的过程中,也需要对标准的执行情况进行跟踪和评估,可以通过定期的调查、审核等方式进行,旨在了解标准实施的效果,发现和解决实施过程中遇到的问题,提升标准的实施效率和效果。

(三)高校众创空间要进行标准的研究和评估

进行标准的研究和评估是高校众创空间建立行业领先的标准体系的重要步骤,这一环节对于标准的完善、技术进步,以及整个行业的健康发展具有重要的意义。

在研究方面,高校众创空间需要对新的技术趋势、市场需求、政策法规等进行深入研究,为标准的制定和修订提供科学依据。例如,高校众创空间可以依托自身的研发团队,与高校、研究机构等进行合作,研究新技术的应用和影响,分析新的市场需求和发展方向,以便在制定标准时能够充分考虑这些因素,使标准更具针对性和前瞻性。

在评估方面,高校众创空间应对现有标准的实施效果进行评估,发现标准在实施过程中存在的问题和不足,及时进行改进。评估工作可以通过收集行业内的反馈、进行实地调研,以及对实施效果进行数据分析等多种方式进行。这不仅有助于标准的修订和完善,也可以为其他标准的制定和实施提供参考。标准的研究和评估也应作为高校众创空间战略决策的重要参考。标准的制定和实施情况反映了行业的技术水平、市场需求、发展趋势等信息,这些信息对于高校众创空间来说是极其宝贵的资源。高校众创空间可以通过对标准的研究和评估,了解行业动态,提前布局,从而提高自身在行业中的竞争力。

总的来说，高校众创空间在建立行业领先的标准体系的过程中，需要积极进行标准的研究和评估工作，这既是对现有标准的优化和完善，也是对新的技术和市场变化的及时响应，更是高校众创空间提升自身影响力、推动行业发展的重要手段。

第三节 健全高校众创空间知识产权相关法规

一、加强知识产权保护

加强知识产权保护在高校众创空间创新发展的过程中十分重要，可以激励科研人员更积极地投入科研创新活动中，也有利于实现科技成果的快速转化。保护知识产权不仅是法律规定的责任，也是高校众创空间自身发展的需要。加强知识产权保护需要考虑以下三个方面的问题，如图 5-2 所示。

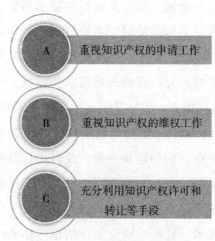

图 5-2 加强知识产权保护

（一）重视知识产权的申请工作

在高校众创空间中，重视知识产权的申请工作是至关重要的，它涉及保护创新成果、激励科研人员的创新热情,以及推动科技成果转化的各个方面。

知识产权的申请是保护科技成果的"第一步"。只有获得了知识产权的保护,科技成果才能避免被他人抄袭和盗用,其研发的成果才能得到应有的回报。因此,高校众创空间应该建立一套科学合理的知识产权申请机制,尽早对每一个创新成果进行申报保护。

在申请知识产权的过程中,科研人员需要全面、准确地描述科技成果的特征和优点,明确科技成果的技术领域、适用范围和实施方式,这对于科研人员的专业素养和写作能力有着较高的要求。因此,高校众创空间应积极开设知识产权申请的培训课程,提升科研人员的申请能力。

知识产权的申请是一种对科研人员的激励。在知识产权申请成功后,科研人员可以获得一定的奖励,这不仅可以激励他们更积极地参与到科研创新中,也能让他们体验到创新成果被社会认可的快乐。

知识产权的申请也是推动科技成果转化的基础。只有获得了知识产权的保护,科技成果才能被更有信心地投入商业化的过程中,吸引更多的投资和合作。

(二)重视知识产权的维权工作

重视知识产权的维权工作对于高校众创空间也是十分重要的。知识产权的申请和保护只是一方面,只有当这些权利被侵犯时能够得到充分的维护,科技创新才能真正得到激励和保障,创新活动才能得到持续推进。在现实中,知识产权的侵权行为时有发生,这种行为不仅损害了知识产权持有者的利益,也威胁到整个创新生态的健康发展。因此,高校众创空间需要建立一套系统的知识产权维权机制,以保护创新成果的独特性和价值。

高校众创空间需要设置专门的知识产权维权部门,这个部门的主要职责是定期进行知识产权的监测,发现并记录可能的侵权行为。一旦发现侵权行为，维权部门应立即采取行动，可以与侵权方进行沟通，要求其停止侵权行为；也可以向法院提起诉讼，请求法院命令侵权方停止侵权，并赔偿损失。

高校众创空间应积极寻找合作伙伴，提升知识产权维权的专业性和效率。这些合作伙伴可以是知识产权律师、专利代理机构，也可以是其他相关的专业机构。这些合作伙伴具有丰富的知识产权维权经验和专业知识，能够帮助高校众创空间有效应对各种复杂的侵权情况。

高校众创空间也需要加强知识产权维权的培训和宣传，让科研人员了解知识产权的重要性，理解知识产权的基本原则和法律规定，了解知识产权维权的基本途径和方法，提升自己的知识产权意识和维权能力。

（三）充分利用知识产权许可和转让等手段

高校众创空间要充分利用知识产权许可和转让等手段，推动科技成果的商业化进程。大部分科技创新通过知识产权许可和转让可以实现其经济价值，也可以推动科技成果的市场推广和应用。因此，高校众创空间必须建立一套高效的知识产权许可和转让管理体系，保证这一重要过程的顺利进行。

知识产权许可是科技创新活动中常见的一种合作模式。通过许可合同，知识产权持有者可将其知识产权的使用权授权给他人，同时收取一定的许可费。这种模式既可以使知识产权持有者获得稳定的收入，又可以使知识产权的使用者得到法律保障，能够合法地使用知识产权。因此，高校众创空间应注重与潜在的许可人进行沟通与谈判，制定合理的许可条款，确保许可活动的公平性和透明性。

知识产权转让是一种将知识产权所有权转让给他人的方式。这种方式一般在知识产权持有者无法或不愿继续管理和利用知识产权时使用。知识产权转让，使得知识产权可以得到更有效的利用，推动科技成果的商业化进程。高校众创空间在进行知识产权转让时，需要严格遵守相关

第五章 高校众创空间的创新发展

法律法规，进行公开、公平的交易，保护知识产权持有者的合法权益。

高校众创空间也需要关注知识产权的市场价值和商业前景。知识产权的价值并不是固定不变的，而是会随着技术发展、市场需求等因素变化。高校众创空间需要根据知识产权的特性和市场条件，灵活制定许可和转让策略，使知识产权的价值达到最大。

总的来说，知识产权许可和转让是推动科技成果商业化的重要手段。高校众创空间应充分认识到这一点，积极地推动知识产权许可和转让，以实现知识产权的有效利用，推动科技成果的广泛应用和市场推广。

二、提升知识产权法规意识

高校众创空间可以有效地增强参与者对知识产权法规的理解，为科技创新和知识产权保护提供良好的法治环境。

（一）定期举办知识产权法规的培训活动

知识产权法规的培训活动在高校众创空间中占据着举足轻重的地位。通过这种方式，创新者可以更好地理解知识产权的重要性，知道如何合理地申请、使用、维护和管理知识产权。定期举办知识产权法规的培训活动不仅能够提升高校众创空间内的成员对知识产权保护的重视程度，还能促使他们在实际操作中遵循相关法规，避免产生法律纠纷。

这种培训活动需要由具备专业知识和实践经验的人员来举办。这些人可以是知识产权律师、专利代理人或者具有丰富知识产权经验的业内专家。他们的专业背景和实践经验可以为参与者提供有深度的知识产权法规讲解；他们也可以通过分享真实的案例，将理论知识与实践相结合，帮助参与者理解和吸收。

培训内容应涵盖知识产权的基本知识，包括知识产权的分类、申请流程、维权方法以及知识产权的管理和利用等。这种全方位的覆盖可以让参与者全面了解知识产权的重要性和运用方式，有助于他们在未来的创新活动中更加得心应手地处理知识产权问题。针对高校众创空间的特定需求（如技术转让、产业化等），培训应该有更深入的讨论。这一环节可以邀请有相关经验的专家和业务人员，针对实际操作过程中可能出现的问题进行详细解答，为参与者提供更实际、更有针对性的指导。

培训活动的形式应该多样化（包括讲座、研讨会、在线课程等），以满足不同参与者的需求。高校众创空间可以通过定期测试和反馈，了解参与者对知识产权法规的理解和掌握程度，以便对培训内容和方式进行持续优化。

（二）制定和实施知识产权法规的宣传计划

知识产权法规的宣传计划在提升高校众创空间内参与者的知识产权保护意识方面起到至关重要的作用。实施这个计划的目的是让参与者（包括创业者、投资者、研究人员和管理人员）都对知识产权有深入的理解和充分的尊重，能够遵循相关法规进行操作，创造和维护一个健康的创新环境。

高校众创空间应制定全面的知识产权法规宣传计划。这个计划应当包含宣传的主要内容、方式、时间、频率等细节，并考虑不同参与者的需求和特点，进行有针对性的宣传。例如，对于创业者和研究人员，宣传的重点应该是如何申请和保护知识产权；对于投资者，宣传的重点应该是知识产权如何影响企业的价值和风险。

高校众创空间要通过各种方式进行宣传，包括制作和分发宣传册或海报、更新网站内容、发表社交媒体文章等。这些宣传材料应当包含知识产权法规的主要内容、重要性、案例等，让参与者能够直观地理解知识产权的重要性。

高校众创空间要定期举办知识产权法规的讲座、研讨会等活动，邀请知识产权专家进行讲解和讨论，提高高校众创空间内参与者对知识产权法规的关注度。这种方式不仅可以提供更深层、更专业的知识，还可

第五章 高校众创空间的创新发展

以增强参与者的参与感和认同感。

在实施宣传计划的过程中,高校众创空间应定期评估宣传效果,根据反馈调整和优化宣传计划。例如,高校众创空间在评估过程中,如果发现某种宣传方式效果不佳,可以考虑换种宣传方式或者改进内容;如果发现某个主题的理解度较低,可以加大对这个主题的宣传力度。

(三)提供专门的知识产权法规咨询服务

提供专门的知识产权法规咨询服务,可以为高校众创空间内的参与者提供及时、专业的法规指导,避免因法规理解不足而产生的风险,保障知识产权的有效运用,推动科技创新成果的产业化进程。具体来说,提供这种专门的咨询服务可以设立一个知识产权服务窗口,由专业人员负责。这些人员可以是知识产权律师、专利代理人或者有丰富知识产权经验的产业专家,他们具备深厚的知识产权法规理论知识和丰富的实践经验,能够为参与者提供全方位、专业的咨询服务。

知识产权服务窗口的主要工作内容包括:解答参与者在知识产权申请、保护、利用等方面的问题;提供关于知识产权法规的最新信息和解读;指导参与者如何正确处理知识产权纠纷等。在这个过程中,服务窗口不仅是提供咨询的平台,也是提升参与者知识产权法规意识的教育和培训平台。

除了直接的咨询服务,知识产权服务窗口也可以做一些辅助工作(如定期发布知识产权法规动态、案例分析、专题讲解等),进一步提高知识产权法规的影响力和认知度。知识产权服务窗口,也可以搭建在线咨询平台,利用互联网技术扩大服务范围,满足更多参与者的需求。

(四)建立知识产权法规遵守的激励机制

在高校众创空间中,建立知识产权法规遵守的激励机制不容忽视。这种激励机制不仅可以促进知识产权法规的执行和遵守,也能激发创新者对知识产权保护的积极性和主动性，进一步推动科技创新和知识产权保护的融合和发展。

高校众创空间要设立知识产权保护优秀案例奖。这个奖项是为了鼓励和表彰那些在知识产权保护方面做出杰出贡献的个人或团队。这种贡献可能是在知识产权申请、管理、运用、维权等方面取得的显著成果，也可能是在推动知识产权文化建设、提升知识产权意识等方面的卓越表现。这个奖项不仅可以激励获奖者继续努力，也可以为其他参与者提供优秀的学习和模仿的例子。

高校众创空间要通过评估和反馈机制，定期检查知识产权法规的遵守情况。这个机制可以设立一个专门的评估小组，这个评估小组由知识产权专业人员、法律专家、管理人员等组成，他们定期或者不定期地对高校众创空间的知识产权保护工作进行检查和评估，发现问题，提出改进方案。对于违规行为，评估小组应立即进行纠正和处罚，以维护知识产权法规的权威性。

激励机制也可以包括一些软性的激励措施，例如优秀知识产权保护实践的分享和展示、知识产权保护经验和成果的交流和学习、知识产权保护成果的内部和外部推广等。这些措施不仅可以提升参与者的知识产权保护能力和意识，也可以创建一种鼓励创新、尊重知识产权的良好环境。

三、构建知识产权争议解决机制

高校众创空间应设立一套完善的知识产权争议解决机制，对可能出现的产权纠纷进行及时、公正处理。构建知识产权争议解决机制需要考虑以下四个方面的问题，如图 5-3 所示。

第五章 高校众创空间的创新发展

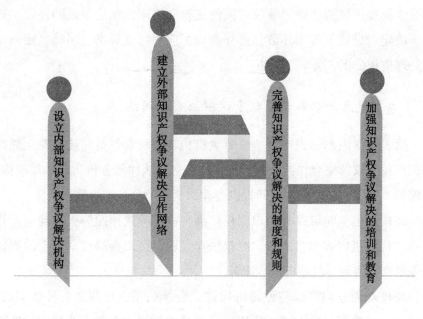

图 5-3 构建知识产权争议解决机制

（一）设立内部知识产权争议解决机构

高校众创空间应设立专门的内部知识产权争议解决机构。这个机构应由知识产权法律专家、技术专家和行业专家组成，负责对知识产权争议进行调查、分析和评估。这个机构还应负责制定争议解决的流程和规则，提供公正、公平、透明的争议解决服务。

争议解决机构要在产权争议发生时，能够迅速介入，对争议进行调查和分析，通过收集证据、听取双方的意见，了解争议的本质和关键问题。在调查过程中，机构要充分尊重双方的权利和利益，保护他们的合法权益。

争议解决机构要对争议进行评估，判断争议的性质和严重程度，对于较小的争议，可以通过调解、协商等方式解决；对于较大的争议，则需要通过仲裁或诉讼等方式解决。在评估过程中，机构要充分考虑法律法规、行业规则、公平原则等因素，做出公正、公平的判断。

争议解决机构要制定争议解决的流程和规则，包括争议的接收、处理、决定、反馈等各个环节。流程和规则应尽可能详细、明确，使争议的处理更加公正、公平、透明。

（二）建立外部知识产权争议解决合作网络

除了设立内部知识产权争议解决机构，高校众创空间还应建立外部知识产权争议解决合作网络。这个网络应包括法律服务机构、仲裁机构、法院等，可以为高校众创空间提供专业、全面的争议解决服务。

高校众创空间可以与知识产权律师、律所等法律服务机构建立合作关系。这些机构有丰富的知识产权法律经验，可以为高校众创空间提供专业的法律咨询、代理诉讼等服务。

高校众创空间可以与仲裁机构建立合作关系。仲裁是一种效率高、保密性好的争议解决方式，适用于一些技术性强、需要专业知识的产权争议。

高校众创空间也可以与法院建立联系。一些严重的、涉及大额赔偿的产权争议，可能需要通过诉讼解决。在这种情况下，与法院的联系可以帮助高校众创空间更好地了解法律程序，维护自身的权益。

（三）完善知识产权争议解决的制度和规则

高校众创空间应完善知识产权争议解决的制度和规则，包括知识产权争议的接收、调查、评估、处理、反馈等各个环节的规则。这些规则应以法律法规为基础，兼顾公平原则和效率原则，使知识产权争议的解决更加公正、公平、高效。

高校众创空间要制定产权争议的接收和调查规则，包括知识产权争议的报告方式、报告时间、调查程序等。这些规则应尽可能简单、易执行，使知识产权争议能够及时、有效地被发现和处理。

高校众创空间要制定知识产权争议的评估和处理规则，包括争议分类、处理方式、处理时间等。这些规则应尽可能公正、公平,使每一个知识产权争议都能得到公正的处理。

高校众创空间要制定产权争议的反馈和改进规则,包括争议处理结果的公示、反馈方式、改进程序等。这些规则应尽可能明确,使参与者都能了解知识产权争议的处理情况,能根据处理结果进行自我改进。

(四)加强知识产权争议解决的培训和教育

高校众创空间应加强知识产权争议解决的培训和教育,包括对知识产权争议的基础知识、处理技巧、法律知识等方面的培训。这些培训可以帮助高校众创空间内的人员更好地了解和处理知识产权争议。

高校众创空间应定期开展知识产权争议的基础知识培训,包括知识产权争议的类型、特征、影响等基础知识。这些知识可以帮助高校众创空间内的人员对知识产权争议有一个基本的了解和初步的预判。

高校众创空间应定期开展知识产权争议的处理技巧培训,包括争议的调查、评估、处理、反馈等技巧。这些技巧可以帮助高校众创空间内的人员在处理知识产权争议时,更加有信心、有能力。

高校众创空间应定期开展知识产权争议的法律知识培训,包括相关的法律法规、案例、判例等法律知识。这些知识可以帮助高校众创空间内的人员在处理知识产权争议时,更加明白法律的要求,更加合法、合规地处理知识产权争议。

第六章 高校众创空间专业人才培养理论与实践

第一节 高校众创空间专业人才培养的未来发展趋势

一、跨学科人才

跨学科人才是高校众创空间人才培养的重要趋势。随着创新创业生态系统的发展,高校众创空间越来越强调跨学科的合作和协同创新。

(一)跨学科人才在高校众创空间中具有的优势

1. 具备综合解决问题的能力

创新创业涉及多个领域的知识和技能。跨学科人才具备多个领域的知识,能够综合考虑问题,提供创新的解决方案,他们能够跨越学科边界,打破学科壁垒,创造出更具有竞争力的产品和服务。

2. 提供创新思维的碰撞

不同学科的人才能够带来不同的思维方式和观点。跨学科人才的思维碰撞可以促进创新思维的产生,他们能够从不同角度看待问题,提供不同的创意和创新方向,为高校众创空间带来更多可能性和机会。

3. 提供跨界合作的机会

高校众创空间是一个汇聚各类人才的创新社区,跨学科人才的存在促进了不同领域之间的交流和合作,他们能够共同参与项目,共同应对挑战,形成合力,推动创新创业的发展。

4. 具备多维度的解决问题的能力

在创新创业过程中,常常会面临复杂多样的问题,需要综合考虑多个因素。跨学科人才在不同领域积累的知识和技能使他们具备多维度的解决问题的能力,能够综合运用不同学科的知识和技能,提供更全面的解决方案。

5. 满足市场竞争的需求

市场对创新创业人才的需求越来越多样化和综合化。跨学科人才具备多个领域的知识和技能,更容易适应市场的需求和变化,具备更强的竞争力。

(二)高校众创空间跨学科人才培养原则

培养高校众创空间跨学科人才可以遵循以下原则,如图 6-1 所示。

高校众创空间：创新力量的孵化器

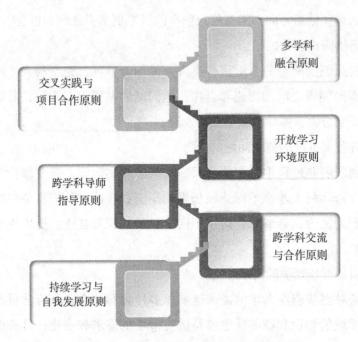

图 6-1　高校众创空间跨学科人才培养原则

1. 多学科融合原则

培养跨学科人才需要将多个学科的知识和技能进行融合。高校众创空间可以提供多学科的课程设置，鼓励学生在不同学科领域进行学习和研究，以促进跨学科的融合和交流。

2. 交叉实践与项目合作原则

培养跨学科人才需要通过实践和项目合作来实现。高校众创空间可以组织跨学科的团队合作项目，让学生从不同学科的角度共同解决问题，在实践创新创业的过程中相互学习和协作。

3. 开放学习环境原则

高校众创空间应该营造开放的学习环境，鼓励学生自由地学习和探索。高校众创空间需要提供丰富的学习资源、支持学生自主选择学习路径、激励学生尝试新领域和新技术等。

第六章　高校众创空间专业人才培养理论与实践

4. 跨学科导师指导原则

高校众创空间应该引入具有跨学科背景的导师，为学生提供跨学科的指导和支持。导师可以在学术和实践层面帮助学生发展跨学科的能力，并提供经验分享。

5. 跨学科交流与合作原则

高校众创空间应该鼓励学生之间的跨学科交流和合作，可以通过组织学术研讨会、创业竞赛、跨学科团队项目等方式实现，促进学生之间的跨学科交流和合作。

6. 持续学习与自我发展原则

高校众创空间应该鼓励学生持续学习和自我发展。跨学科人才需要不断更新知识和技能，紧跟学科发展的前沿。高校众创空间可以提供学习资源和培训机会，帮助学生实现终身学习和职业发展。

二、具有软实力的人才

具有软实力的人才也是高校众创空间人才培养的重要趋势。高校众创空间不仅需要具备技术和专业知识的人才，还需要具备一系列软实力的人才来推动创新创业的成功。

（一）具有软实力的人才在高校众创空间中具有的优势

通过培养具有软实力的人才，高校众创空间能够建立更强大的团队，推动创新创业的成功。培养具有软实力的人才可以通过提供培训和教育课程、鼓励学生参与实践项目和社交活动，以及提供导师和行业专家的指导和支持等方式来实现。具有软实力的人才在高校众创空间中具有以下优势。

1. 具备沟通与协作能力

高校众创空间是一个合作的环境，需要具备良好的沟通和协作能力的人才。具有软实力的人才擅长与不同背景和学科的人合作，能够有效

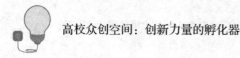

地传达想法、解决问题和推动团队的协作。

2. 具备创造性思维和创新能力

具有软实力的人才能够提出新颖的想法和解决方案，从不同的角度思考问题，挑战传统思维模式，并寻找创新的机会和方法。

3. 具备领导与管理能力

高校众创空间需要具备一定的领导与管理能力的人才，能够组织和协调团队，推动项目的顺利进行。具有软实力的人才能够在团队中发挥领导作用，并具备良好的人际关系管理和决策能力。

4. 具备适应性和灵活性

创新创业过程常常面临不确定性和变化性的挑战。具有软实力的人才能够快速调整策略和应对变化，适应不同的环境和要求，持续学习和成长。

5. 具备资源整合与网络建立能力

高校众创空间需要具备资源整合和网络建立能力的人才，能够找到合适的合作伙伴、投资者和导师等，为项目的发展提供支持和机会。具有软实力的人才善于建立人际关系网络，能够有效地利用资源和搭建合作平台。

（二）高校众创空间具有软实力的人才培养原则

高校众创空间具有软实力的人才培养需要遵循以下原则。

1. 综合素质培养原则

高校众创空间应该注重学生综合素质的培养，包括沟通能力、协作能力、创造性思维、领导与管理能力、适应性和灵活性等。高校众创空间可以通过开展相关培训和开设相关的课程，促进学生在这些方面的综合素质的发展。

2. 个性化发展原则

高校众创空间应该重视每个学生的个性化发展，鼓励学生发挥自己

第六章　高校众创空间专业人才培养理论与实践

的优势和潜力，可通过提供个性化的指导和支持，帮助学生在软实力方面有针对性地发展，提升其个人竞争力。

3. 持续学习与自我发展原则

软实力的培养是一个持续学习和自我发展的过程。高校众创空间应该鼓励学生进行终身学习，提供学习资源和培训机会，激励学生不断学习和提升自己的软实力。

4. 创业意识和价值观培养原则

高校众创空间应该培养学生的创业意识和价值观，包括培养学生的创业风险意识、社会责任感、可持续发展观念等。高校众创空间可通过开展创业文化活动、社会责任项目等，引导学生树立正确的创业价值观。

三、具有国际化视野的人才

随着全球化的发展和信息技术的进步，创新创业的领域越来越具有国际性和跨国性的特点。因此，高校众创空间还需要培养具有国际化视野的人才。

（一）具有国际化视野的人才在高校众创空间中具有的优势

1. 把握和应对全球市场的机遇和挑战

具有国际化视野的人才了解国际市场的需求和趋势，能够为产品和服务的定位和推广提供更准确的方向，也能够应对国际竞争和变化带来的挑战。

2. 具备跨文化交流与合作能力

具有国际化视野的人才能够与来自不同文化背景的人合作，理解和尊重不同的价值观和习惯，有效地沟通和协调合作，从而实现国际合作和跨国团队的协同创新。

3. 具备跨国合作与资源整合能力

具有国际化视野的人才能够在全球范围内寻找合作伙伴和资源，整

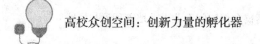

合不同国家和地区的资源（包括技术、市场、资金等），为创新创业项目提供更广阔的发展空间。

4.具备全球化创新与技术应用能力

具有国际化视野的人才了解全球创新和技术的新发展，能够学习和应用国际先进的创新和技术，将其引入创新创业项目中，提升产品和服务的竞争力和创新性。

5.具备国际资源与市场拓展能力

具有国际化视野的人才能够寻找国际合作机会，拓展国际市场，为创新创业项目提供更多的发展机会和资源支持。

（二）高校众创空间具有国际化视野的人才培养原则

通过遵循以下原则，高校众创空间可以培养出具备国际化视野的人才，从而在全球化的创新创业环境中具备竞争优势，促进高校众创空间的国际化发展。

1.国际化课程设置原则

高校众创空间应提供国际化的课程设置，包括国际商务、跨文化管理、全球市场营销等方面的课程。这些课程可以帮助学生了解全球商业环境和国际化的创新创业机会。

2.外语培训与沟通能力培养原则

高校众创空间应注重外语培训，提高学生的语言能力和跨文化沟通能力。学生应具备良好的英语或其他国际交流语言的听、说、读、写能力，以便更好地与国际伙伴交流合作。

3.国际导师和专家指导原则

高校众创空间应引入具有国际经验和专业知识的导师和专家，给予学生国际化视野的指导和支持。这些导师和专家可以分享国际创新创业的最佳实践和经验，帮助学生发展和拓宽国际化的思维和视野。

第六章 高校众创空间专业人才培养理论与实践

4.跨文化管理与领导能力培养原则

高校众创空间应注重跨文化管理和领导能力的培养。学生应学习如何理解和尊重不同文化背景的人，有效地管理和领导跨文化团队。培养学生的跨文化管理和领导能力，有助于他们在国际化环境中更好地发展。

5.国际创新创业资源与网络建立原则

高校众创空间应积极引进国际创新创业资源，与国际创新创业生态系统建立合作关系，为学生提供国际化的创新创业资源和支持，帮助学生获取国际化的机会和资源。

第二节 高校众创空间专业人才培养的目标

一、创新创业能力是专业人才培养的根本目标

高校众创空间是创新创业教育的重要载体，致力于培养具备创新创业能力的人才。这些人才应具备创新思维、问题解决能力、创业意识、商业计划编写能力等，能够应对复杂的商业环境和市场需求。高校众创空间通过创新创业项目、实践活动、跨学科合作等方式，培养学生的创新创业能力。创新创业能力是高校众创空间人才培养的根本目标，旨在培养学生在创新创业领域需要具备的核心能力和素养，使他们能够应对不断变化的商业环境和市场需求。培养学生的创新创业能力需要考虑以下四个方面，如图6-2所示。

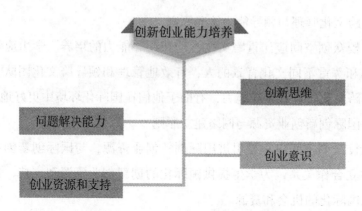

图 6-2　创新创业能力培养的四个方面

（一）创新思维

高校众创空间应注重培养学生的创新思维能力，这是创新创业过程中需要运用的关键能力。通过开展一系列创新活动和培训，高校众创空间能够激发学生的创新潜能，培养他们独特的思维方式和创造性思考能力。

通过创新工作坊的形式，高校众创空间能够为学生提供接触和体验创新思维的机会。这些工作坊可以包括创意思维、设计思维、敏捷思维等方面的培训。在创新工作坊中，学生将有机会参与创新活动，探索不同的问题解决方法，并学习如何将创意转化为创新的实践。

高校众创空间应鼓励学生挑战传统观念，突破思维定式。通过引导学生质疑和重新思考传统模式和观念，高校众创空间能够激发学生的创新思维，学生被鼓励从不同的角度思考问题，提供独特的解决方案，以满足和应对市场的需求和创新的挑战。

通过创新竞赛和项目实践，高校众创空间能够鼓励学生进行团队合作和跨学科合作，以培养创新思维。在团队合作的过程中，学生将学会倾听他人的观点，积极思考和融合不同的想法，从而产生创新的解决方案。

第六章　高校众创空间专业人才培养理论与实践

高校众创空间也可以通过提供创新思维的培训和指导，帮助学生掌握创新工具和方法。例如，学生可以学习创新设计方法论、头脑风暴技巧、用户体验设计等，以提高他们在创新过程中的能力和效率。

通过培养创新思维，高校众创空间能够培养学生解决问题的能力和创新意识。学生将能够应对复杂的商业挑战以及日益变化的市场需求，提供独特的解决方案和创新的商业模式。这将为学生未来的创新创业之路打下坚实的基础。

（二）问题解决能力

高校众创空间应注重培养学生的问题解决能力，这是创新创业过程中需要运用的重要能力。学生需要具备分析、评估和决策的能力，能够灵活应对复杂的商业环境和市场竞争。高校众创空间通过实践项目、创业实训等方式，让学生在真实的创新创业环境中锻炼能力，掌握实际操作和解决问题的技能。

高校众创空间需要鼓励学生主动面对问题，并引导他们运用适当的方法进行问题分析和评估。学生通过学习和实践，能够识别和理解问题的本质，从多个角度分析问题的因果关系和潜在影响。学生将学会收集和整理相关信息，运用逻辑和数据分析方法来解决问题。

通过实践项目和创业实训，高校众创空间能够让学生亲身经历解决问题的过程。学生将面临各种实际问题和挑战，需要运用自己所学的知识和技能，寻找创新的解决方案。在实践中，学生将学会处理不确定性和风险，迅速做出决策并采取行动，以推动项目的发展。

高校众创空间需要注重培养学生的团队合作能力，因为解决复杂问题往往需要团队的智慧和协作。学生将学会与团队成员合作，共同分析和解决问题。通过共享信息、讨论和合作，学生能够从不同的角度和经验中获得灵感和创新思路。

高校众创空间也应鼓励学生在解决问题的过程中积极探索和尝试新

的想法和方法。学生被鼓励接受失败和挑战,并从中吸取经验教训,不断优化和改进解决方案。

经过不断的问题解决能力培养,学生能够更加轻松地应对创新创业过程中遇到的挑战和问题,从而提出创新的解决方案,并采取行动解决问题。

(三)创业意识

高校众创空间应重视培养学生的创业意识,使学生了解创业的机会和挑战,并具备将创业想法转化为可行的商业计划的能力。通过学习和实践,高校众创空间能够帮助学生掌握市场分析、商业模式设计、财务规划等创业过程中所需的关键技能。

高校众创空间应鼓励学生积极主动地了解创业的机会,包括对市场需求、行业趋势和消费者行为的研究。学生将学会收集和分析市场数据,了解不同行业和市场的机会和潜在风险。通过了解市场需求和竞争情况,学生能够确定适合创业的领域和目标市场。

高校众创空间应注重培养学生的商业计划编写能力。学生将学习如何撰写商业计划,其中包括市场分析、竞争分析、商业模式设计、财务规划等。学生将了解商业计划的结构和要素,并学会通过数据分析和市场研究来支持自己的创业想法。通过编写商业计划,学生能够将创业想法转化为可行的商业模式和战略。

高校众创空间可以通过创业导师的指导和实践项目的经验,帮助学生了解创业过程中可能出现的挑战和风险。学生将学会评估和管理创业风险,并了解创业过程中可能遇到的问题和困难。经过这样的培养,学生能够更加全面地了解创业的现实情况,做出明智的创业决策。

高校众创空间还应鼓励学生参与创业竞赛、创业活动和创业导师的指导,以拓宽他们的创业视野和积累一定的创业经验。通过与其他创业者和专业人士的互动和交流,学生能够了解创业生态系统的运作,并从他人的成功和失败中汲取经验和教训。

第六章 高校众创空间专业人才培养理论与实践

（四）创业资源和支持

高校众创空间应为学生提供丰富的创业资源和支持，旨在帮助他们获取创业所需的资源和合作伙伴，推动创新创业项目的实施和发展。高校众创空间还应注重培养学生的创业风险意识和韧性，使他们能够应对创业过程中可能出现的风险和不确定性。

高校众创空间可以提供创业资源和设施，包括办公空间、实验室设备、创业工具等。这为学生提供了一个有利于创新创业的环境，让他们能够开展创新实验、原型制作和产品开发。通过利用这些资源，学生能够将创意转化为具体的产品和服务。

高校众创空间可以与创业生态系统建立合作关系，与投资机构、企业合作伙伴、行业专家等进行合作与交流。通过这样的合作，学生能够获得行业专业知识、商业导师的指导、资金支持和合作机会。这些合作关系为学生提供了更多的资源和机会，能够促进他们的创新创业发展。

高校众创空间还可以举办创业培训和讲座，邀请创业成功者、企业家和专家分享他们的经验和见解。学生能够通过这些活动了解创业的最佳实践、行业趋势和市场动态。高校众创空间也可以通过组织创业竞赛和展览，为学生提供展示创业成果和与潜在投资者、合作伙伴进行对接的机会。

高校众创空间应注重培养学生的创业风险意识和韧性。学生需要了解创业过程中可能出现的风险和不确定性，并具备适应和应对的能力。高校众创空间可以通过创业导师的指导和实践项目的经验，帮助学生了解创业过程中可能遇到的问题和困难。学生将学会评估和管理创业风险，并在面对挑战时采取积极的态度和行动。

综上所述，通过提供创业资源和支持，培养创业风险意识和韧性，高校众创空间能够帮助学生在创新创业的道路上更好地实施和发展他们的项目。学生能够获取所需的资源和合作伙伴，降低创业风险，并具备应对挑战的能力。

二、团队协作能力是专业人才培养的关键目标

团队协作能力是专业人才培养的关键目标，这是因为在现代社会和工作环境中，团队合作已成为各行各业成功的关键要素。专业人才需要具备优秀的团队协作能力，能够与他人合作、协调资源、共同实现目标。

（一）团队协作能力的重要性

团队协作能力是现代职场的基本要求。在工作环境中，单打独斗的工作岗位很少，更多的是需要与他人合作共事。无论是跨部门合作、项目团队合作还是跨国际团队合作，专业人才都需要具备良好的团队协作能力，能够与拥有不同背景、专业知识和技能的人合作，有效地协调和整合资源，共同完成任务和实现目标。

良好的团队协作能力能够促进创新和激发创造力。团队中的成员可以通过相互交流、分享不同的观点和经验，激发创新思维和创造力。团队协作可以促进成员之间的融合和合作，成员之间通过集思广益，从多个角度和专业领域出发，提出创新和可行的解决方案。团队中的互动和合作能够激发创新的火花，推动团队和组织的持续发展。

良好的团队协作能力可以提高工作效率和质量。团队协作可以分担任务和责任，实现工作的高效分工。成员之间可以相互支持和互补，共同解决问题和克服困难。团队协作还可以通过分享工作负担、相互协作和交流，提高工作的效率和质量。团队协作能够促进成员之间的学习和成长，使成员共同进步，提升整个团队的综合能力和竞争力。

（二）团队协作能力的培养路径

培养专业人才的团队协作能力可以采取以下方法和策略。

1. 强调团队合作的意义和重要性

强调团队合作的意义和重要性是培养专业人才团队协作能力的第一

第六章 高校众创空间专业人才培养理论与实践

步。在教育和培训中,学生应该明白团队合作对个人和组织的价值以及团队合作所带来的优势和挑战。

团队合作可以帮助学生认识到在现代工作环境中,团队合作是不可或缺的。无论是在企业组织还是在跨学科研究项目中,团队合作都是实现共同目标和解决复杂问题的关键。通过团队合作,个人可以发挥自己的优势,获得更好的工作成果。团队合作还可以促进资源的共享和协同,提高工作效率和质量。

团队合作可以培养学生的协作精神和团队意识。学生应该认识到,自己不是一个单独的个体,而是一个整体中不可或缺的成员。团队合作需要学生学会与他人沟通、合作、协调和共同努力,以实现共同目标。培养协作精神和团队意识可以使学生更加关注团队的整体利益,而不只是个人的利益。

团队合作可以培养学生的人际交往能力和沟通能力。团队合作要求学生与团队成员进行积极有效的沟通,并建立良好的人际关系。学生需要学会倾听他人的观点和意见,并能够表达自己的想法和看法。通过团队合作,学生能够学会解决冲突、处理分歧和建立信任,进而提高人际交往能力和沟通能力。

为了让学生理解团队合作的意义和重要性,高校众创空间可以采取多种方法和策略。例如,高校众创空间可以开展团队合作的案例分析和讨论,引导学生分析团队合作所具有的优势和所面临的挑战;组织团队项目和实践活动,让学生亲身体验团队合作的价值;鼓励学生参与团队竞赛和合作性的学习项目,以激发学生参与团队合作的兴趣和动力。

2. 设计团队项目和实践活动

设计团队项目和实践活动是培养学生团队协作能力的有效方法。通过这些项目和活动,学生可以在真实的工作情境中锻炼团队协作能力,并学会合作、协调和解决问题。

团队项目和实践活动可以为学生提供一个实践和应用知识的机会。

通过参与团队项目和实践活动,学生可以将所学的理论知识应用到实际情境中,理解知识的实际应用和实际问题的复杂性。这样的实践经验可以帮助学生更好地掌握所学知识,并加深对团队协作的理解。

团队项目和实践活动可以模拟真实的工作环境,使学生面对协作和沟通的挑战。在真实的工作情境中,学生需要与团队成员合作、协调和交流,共同解决问题。这样的挑战可以让学生体验到团队合作中可能出现的问题,从而提高他们寻找解决方案和改进团队协作的能力。

团队项目和实践活动还可以培养和提高学生的领导能力和团队管理能力。在团队项目和实践活动中,学生有机会发挥领导作用,协调团队成员的工作和资源,推动团队朝着共同目标迈进。学生还需要学会管理团队,包括任务分配、进度管理、决策制定等。通过团队项目和实践活动,学生能够锻炼和提升领导能力和团队管理能力,为未来在职场中承担更高级别的角色做好准备。

想要有效地进行团队项目和实践活动,高校众创空间可以采取以下策略和方法。

(1)设计具有挑战性和实践性的项目和活动。团队项目和实践活动需要有一定的挑战性和实践性,能够激发学生的兴趣和动力。这些项目和活动可以涉及实际问题、实际场景或实际需求,让学生在解决问题的过程中学习和成长。

(2)提供明确的项目目标和角色分工。团队项目和实践活动需要有明确的项目目标,让学生知道自己需要取得什么样的成果,让学生明确自己在项目中的角色和责任分工,让每个团队成员都清楚自己的职责,确保团队协作的高效进行。

(3)提供团队合作和沟通的指导和支持。高校众创空间要为学生提供团队合作和沟通的指导和支持,帮助他们应对团队协作中出现的问题和挑战。这里的指导和支持可以包括团队合作的原则和技巧及沟通的有效方式和工具等。高校众创空间还需要提供定期的反馈和评估,让学生

第六章 高校众创空间专业人才培养理论与实践

了解自己在团队协作中的表现和进步。

（4）促进团队成员之间的互动和合作。高校众创空间需要鼓励团队成员之间的互动和合作，创造一种积极的团队氛围，可以通过组织团队会议、讨论和反馈，让团队成员有机会分享想法、解决问题和共同成长。

3. 培养沟通能力

培养学生的沟通能力是团队协作能力培养的关键。在团队合作中，良好的沟通可以促进信息的传递和理解，建立有效的合作关系，可以有效解决冲突和分歧，维持团队的和谐和稳定。

沟通能力是团队协作的基础。良好的沟通能力可以促进团队成员之间的理解和合作。学生需要学会有效地听取他人的观点和意见，清晰地表达自己的想法和意图。通过有效的沟通，团队成员能够更好地协调和协作，减少误解和冲突发生的可能性。

为培养学生的沟通能力，高校众创空间可以采取以下策略。

（1）提供沟通能力培训和指导。高校众创空间可以组织沟通技巧的培训和指导，教导学生有效的沟通方法和技巧，包括如何倾听他人意见、如何表达自己的观点、如何提问和反馈等。经过培训和指导，学生可以提高自己的沟通能力，更好地与团队成员进行交流和合作。

（2）提供实践沟通的机会。高校众创空间可以提供实践机会，让学生能够在真实的团队项目和活动中实践沟通技巧。这种实践可以通过小组讨论、角色扮演、团队会议等形式实施。学生通过实践，能够应用所学的沟通技巧，并在实践中不断提升自己的沟通能力。

（3）强调团队合作中的沟通。高校众创空间可以在团队项目中，强调团队合作中沟通的重要性，鼓励学生在团队中积极参与沟通，营造开放和透明的沟通氛围。高校众创空间也可以指导学生如何在团队中建立有效的沟通渠道和反馈机制，以促进信息的流通和理解。

4. 提供团队建设和领导能力培训

提供团队建设和领导能力培训是培养学生团队协作能力的重要策略。

经过这样的培训，学生可以了解团队建设和领导的基本原则和技能，学习团队合作的阶段、角色分配、目标设定等方面的知识，以及领导团队的技能和方法。

团队建设的目的是建立和维护一个高效合作的团队。团队建设培训能够帮助学生了解团队合作的阶段和过程，使其学会在不同阶段应用适当的团队建设策略。学生可以学习如何建立团队共同的目标和价值观，促进成员之间的互信和合作。学生还可以了解如何分配角色和责任，制定明确的沟通和决策机制，以确保团队协作的顺利进行。

领导能力培训能够帮助学生了解领导团队的原则和技能。学生可以学习不同的领导风格和方法，了解如何有效地影响和激励团队成员。学生可以学习如何制定团队的愿景和目标、如何激发团队成员的潜力，以及如何应对团队挑战和冲突。经过领导能力培训，学生能够发展自己的领导潜力，并在团队中发挥更积极的作用。

要提供有效的团队建设和领导能力培训，高校众创空间可以采取以下策略。

（1）设计综合性的培训计划。高校众创空间可以设计涵盖团队建设和领导能力方面的综合性培训计划，包括讲座、研讨会、案例分析、角色扮演等形式的培训活动。经过多种形式的培训，学生可以全面了解团队建设和领导能力的理论和实践，并将其应用到实际情境中。

（2）提供实践机会。高校众创空间可以为学生提供实践团队建设和领导能力的机会，包括参与团队项目、担任团队领导角色、参与团队竞赛等。通过实践，学生能够应用所学的团队建设和领导能力技能，从实际中获得经验，提高自身的能力。

（3）强调反馈和评估。在培训过程中，高校众创空间应该给予学生及时的反馈和评估，包括个人评估、团队评估等形式。通过这些反馈和评估，学生可以了解自己在团队建设和领导能力方面的优势和改进的领域，并做出相应的调整和提升。

三、领导指挥能力是专业人才培养的核心目标

领导指挥能力是高校众创空间专业人才培养的核心目标，它对于培养学生的创新创业能力、团队协作能力和项目管理能力具有重要意义。在高校众创空间的实践环境中，学生需要具备领导指挥能力，以推动项目的顺利开展，有效地组织团队资源，实现创新创业目标。

领导指挥能力对于培养学生的创新创业能力发挥着重要作用。高校众创空间通常是一个多样化、复杂性高的环境，涉及创新项目的策划、执行和推广等方面。领导者需要能够制定明确的目标和策略，分配任务和资源，激发团队成员的潜力和创造力。领导指挥能力可以帮助学生有效地组织团队，推动项目的进展，并在面对挑战时做出明智的决策。

领导指挥能力对于培养学生的团队协作能力至关重要。在高校众创空间中，学生通常需要与来自不同背景和专业领域的团队成员合作。领导者需要能够促进团队成员之间的合作和协调，建立良好的工作氛围和团队文化，还需要了解每个成员的技能和优势，合理分配任务和责任，以确保团队高效协作。经过领导指挥能力培养，学生能够更好地应对团队协作的挑战，提升团队的整体绩效和成果。

领导指挥能力对于学生的项目管理能力具有重要影响。高校众创空间通常涉及多个项目的同时进展，需要进行有效的项目管理。领导者需要能够制定项目计划和时间表，进行资源和风险管理，并协调不同项目之间的关系。领导者还需要监督项目的进展，及时调整和协调，以确保项目能够按时交付和达到预期的目标。经过领导指挥能力培养，学生能够更好地管理项目，提升项目的执行和控制能力。

第三节 高校众创空间专业人才培养的路径

一、搭建创新创业平台

搭建创新创业平台是高校众创空间专业人才培养的关键策略。这样的平台为学生提供了具有创新创业氛围的环境，可激发学生的创新创业意识和能力，并提供实践机会，让学生在实际项目中进行实践和探索。

（一）创业孵化器

创业孵化器在高校众创空间专业人才培养中扮演着重要角色。创业孵化器不仅为学生提供创业的场所和基础设施，还通过一系列的支持和服务帮助学生将创意和想法转化为创业项目，并推动项目的实施和发展。

创业培训是创业孵化器的核心服务。通过提供创业相关的培训课程和讲座，创业孵化器能够帮助学生掌握创业所需的知识和技能。这些培训可以涵盖市场调研、商业模式设计、融资策略、团队管理等方面的内容，帮助学生了解创业的基本概念和实践要点。经过创业培训，学生能够增加对创业过程的了解，提高创业能力和竞争力。

市场营销支持是创业孵化器的重要服务。创业者需要有效地推广和营销他们的产品或服务，以吸引用户。创业孵化器可以提供市场调研、品牌策略、推广方案等方面的支持，帮助学生制定市场推广计划，建立品牌形象，并找到适合的营销渠道。这将帮助学生更好地了解目标市场和用户需求，提高产品的竞争力和市场占有率。

创业孵化器还提供资金和资源对接服务，帮助学生获取所需的资金和资源支持。创业孵化器可以与投资机构、企业合作伙伴建立合作关系，为学生提供融资机会和资源链接。这种对接服务可以帮助学生获取资金支持，寻找合适的合作伙伴和资源，加速项目的发展和实施。

由于创业孵化器的支持和服务，学生能够在创新创业的初期阶段获

第六章 高校众创空间专业人才培养理论与实践

得必要的支持和指导，降低创业风险，提高创业成功的概率。创业孵化器作为创新创业生态系统的一部分，为学生提供了创业的舞台和平台，促进了创业文化的建立和创新创业精神的培养。在创业孵化器的帮助下，学生可以更好地理解创业的本质和挑战，增强创业能力，并在创新创业领域中取得成功。

（二）各类创业活动与项目

创新创业平台为学生提供了丰富多样的创业活动和项目，通过参与这些活动和项目，学生可以锻炼自己的创新能力、团队协作能力和实践能力。下面是几种常见的创业活动和项目。

1. 创业比赛和竞赛

创业比赛和竞赛是学生展示创新项目和创业想法的平台。这些比赛和竞赛通常由学校、企业、创投机构等主办，吸引了许多创业者和创新者参与。学生可以准备商业计划书、创意演示、产品原型等，展示自己的创新项目，并与评委、投资者和其他参赛者进行交流。通过参与比赛和竞赛，学生可以获得专业评估和反馈，扩展人脉关系，并提升自己的创新创业能力。

2. 创业讲座和研讨会

创业讲座和研讨会是学生获取创业知识和经验的重要途径。这些活动通常由行业专家、创业成功者、投资者等担任主讲，分享自己的创业故事、经验和观点。学生可以借此机会了解行业趋势、市场机会、创业策略等，并与主讲和其他参与者进行互动和讨论。创业讲座和研讨会提供了一个学习和启发的平台，能够帮助学生拓宽视野、开拓思维，为自己的创新创业之路积累经验和智慧。

3. 创业实践项目

创业实践项目是学生将创意和想法转化为实际创业项目的机会。学生可以选择一个具体的创业实践项目，并组建团队，进行项目的策划、实施和推广。在这个过程中,学生将面对真实的市场环境和商业挑战,需要运用创新思维、团队协作和实践能力解决问题。创业实践项目可以是学生自主创业、与企业合作的项目,也可以是通过创业孵化器提供的支持和资源开展的项目。通过参与创业实践项目,学生可以深入了解创业的实际操作和挑战,提高自己的创业能力和实践经验。

4.创新创业社团和组织

创新创业社团和组织是学生自发组织的团体,致力于促进创新创业活动和文化的发展。这些社团和组织可以是学校内部的学生团体,也可以是与外部企业和组织合作的创业团队。学生可以通过加入这些社团和组织,参与各种创新创业活动、项目和讨论,与志同道合的人一起探索创新创业的机会和挑战。创新创业社团和组织为学生提供了一个共同学习和成长的平台,能够培养学生的团队合作、领导能力和创新思维。

二、提供多元化教育资源

提供多元化教育资源是促进高校众创空间专业人才培养的重要策略。多元化教育资源包括学科专业教育、实践项目和创业实训、企业合作和行业合作及跨学科教育,如图6-3所示。多元化教育资源可以为学生提供众多的学习机会和实践体验,丰富学生的知识和技能,培养学生的创新创业能力。

第六章 高校众创空间专业人才培养理论与实践

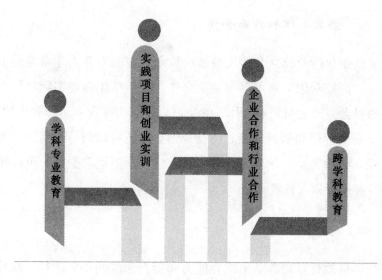

图 6-3 多元化教育资源

（一）学科专业教育

学科专业教育是提升学生专业知识和技能水平的基础。高校众创空间可以通过开设创新创业相关的学科专业课程（如创新管理、创意设计、市场营销等），为学生提供相关领域的理论知识和实践技能。这些课程可以由行业专家、企业家或创业导师授课，结合案例分析和实际项目，帮助学生将理论知识应用于实际创新创业活动中。

（二）实践项目和创业实训

实践项目和创业实训是学生将学到的理论知识应用于实际情境的重要途径。高校众创空间可以与企业、创业孵化器或社会组织合作，提供实践项目和创业实训的机会。学生可以参与实际的创新创业项目，担任具体角色，与团队合作，实践所学知识和技能。这样的实践经验可以帮助学生了解创业过程和市场需求，培养实践能力和解决问题的能力。

（三）企业合作和行业合作

与企业和行业建立合作关系是高校众创空间专业人才培养的重要途径之一。高校众创空间可以与企业合作，提供学生参与实际项目和实践活动的机会。通过与企业合作，学生可以了解实际商业运作和市场需求，学习企业的管理和创新经验。高校众创空间还可以与行业组织、专业协会等建立合作关系，学生通过参与行业活动、展览和交流，可以拓展自己的行业视野和人脉资源。

（四）跨学科教育

跨学科教育是培养学生综合能力和创新思维的重要途径。高校众创空间可以促进跨学科教育，打破学科壁垒，鼓励学生跨越不同学科领域进行学习和研究。学生可以参与跨学科的项目和研究，从不同学科角度思考和解决问题，培养综合分析能力和创新思维。

三、产学合作与导师指导并行

通过产学合作和导师指导，高校众创空间可以提供更加贴近实际的创新创业环境和支持，学生将能够参与真实的项目和实践活动，了解市场需求和行业趋势，并获得专业的指导和支持。这种产学合作与导师指导相结合的方式，可以帮助学生将理论知识转化为实际应用，培养学生的创新创业能力和解决问题的能力。产学合作和导师指导也能够拓展学生的人脉关系和资源链接，有助于学生的职业发展和创业成功。

（一）产学合作

产学合作是高校众创空间专业人才培养的重要路径。通过与企业、创业孵化器等实践实体的紧密合作，高校众创空间可以让学生接触到真实的商业环境和市场需求，让学生将所学的理论知识应用于实际问题的

第六章 高校众创空间专业人才培养理论与实践

解决，培养学生的实践能力和创新思维。

产学合作可以为学生提供参与实际项目和实践活动的机会。通过与企业合作，高校众创空间可以让学生接触到真实的商业项目，了解行业的运作和市场需求。学生可以在真实的商业环境中实践所学的知识和技能，解决实际问题，学习如何应对挑战和变化。这种实践经验可以帮助学生将理论知识与实际应用相结合，提高实践能力和解决问题的能力。

产学合作可以提供学生与企业专家和业界精英交流的机会。通过与企业合作，高校众创空间可以让学生与行业专家、企业家和创业者进行互动和交流。学生可以获得来自实践者的指导和反馈，了解行业的最新动态和趋势，掌握创业和创新的成功经验。与企业专家的交流不仅拓宽了学生的视野，还为学生提供了与实际商业人士合作的机会，建立了人脉关系和资源链接。

产学合作还能够为学生提供与企业合作创新和发展的机会。学生可以为企业提供新颖的创意和解决方案，推动创新和发展。学生可以将所学的理论知识运用到实际项目中，提供创新的商业模式、产品设计和市场营销策略。通过与企业的合作，高校众创空间可以让学生在实践中验证自己的创新创业想法，获得实践经验，并在实际市场中检验其可行性。

（二）导师指导

导师指导在高校众创空间人才培养中起着重要的作用。通过与专业导师或行业专家的交流，学生可以获得宝贵的经验和智慧，能够识别问题、制定创业策略、应对挑战，并获得专业咨询和支持。可以说，导师指导的个性化特点能够更好地满足学生的需求，提高学生的创业成功率和发展潜力。高校众创空间可以通过建立导师团队和制定导师指导计划等方式，确保导师指导的有效实施，为学生的创新创业提供坚实的支持和指导。

高校众创空间：创新力量的孵化器

1. 导师指导可以帮助学生识别问题并制定创业策略

导师拥有丰富的创业经验和专业知识，可以帮助学生了解创业过程中可能面临的挑战和问题。导师可以通过与学生的交流和讨论，帮助学生识别项目中存在的弱点和风险，并提供相应的解决方案和策略。导师的经验可以帮助学生避免常见的创业错误，减少风险，提高项目的成功率。

2. 导师指导可以提供专业咨询和指导

导师在相关领域拥有丰富的专业知识和经验，可以为学生提供具体的建议和指导。导师可以就学生的创业项目进行深入的分析和评估，并提供相关领域的专业知识和实践经验。导师还可以为学生提供新的行业动态和市场趋势，帮助学生了解市场需求和机会，调整创业策略和方向。

3. 导师指导可以帮助学生解决问题和克服困难

在创业过程中，学生常常会遇到各种困难和障碍，导师可以通过面对面的会议、讨论和反馈等形式，与学生密切合作，帮助学生克服困难，并提供支持和鼓励。导师可以分享自己的创业经历和心得，提高学生的创新思维能力和解决问题的能力。导师还可以帮助学生建立正确的心态，获取战胜困难的勇气，培养学生的创业韧性。

4. 导师指导的个性化特点能够更好地满足学生的需求

导师与学生的互动是一个双向的过程，导师可以根据学生的个性、兴趣和目标，提供量身定制的指导和支持。导师可以帮助学生发现自身的优势和潜力，并提供相应的指导和鼓励，帮助学生发展自己的创业特长和创新能力。

第四节 高校众创空间专业人才培养的新模式与新技术

一、高校众创空间专业人才培养的新模式

高校众创空间作为创新创业的重要平台，对其专业人才培养模式进行创新与探究，有助于推动科技创新和经济发展，是高校众创空间发展的关键一环。

（一）项目导向的学习模式

项目导向的学习模式是一种以真实项目为核心，注重实践和实际操作的教学模式。该模式鼓励学员在项目中尝试、探索并解决问题，从而提升学员的专业技能和问题解决能力。在高校众创空间中，这种模式可以进一步发挥出其独特优势。

项目导向的学习模式是一种以学员为中心的学习方式。在传统的教育模式中，学员通常是被动的接受者。而在项目导向的学习模式中，学员是主动的参与者，他们需要参与到项目的设计、实施和评估过程中，从而深入理解项目背后的专业知识和技能。

项目导向的学习模式能够提供一种真实的学习环境。在高校众创空间中，学员参与的项目往往是真实的商业项目或者科研项目。这意味着学员需要处理真实的问题，面对真实的挑战，从而提升自己的问题解决能力和实践技能。

项目导向的学习模式也能够提高学员的团队协作能力和交流能力。在项目实施过程中，学员需要与团队成员、项目导师、客户等多方进行交流合作。这不仅能够提升学员的团队协作能力，也能够提高学员的沟通技巧。

项目导向的学习模式也有其挑战性。例如，它需要更高的组织管理

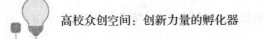

能力,以确保项目的顺利实施;它也需要强大的教师团队,以确保能够提供适当的指导和支持。为了应对这些挑战,高校众创空间可以通过建立有效的项目管理机制、提供专业的项目导师,以及提供丰富的学习资源等方式,来提升项目导向的学习模式的效果。

总的来说,项目导向的学习模式是一种有效的专业人才培养方式,它能够提升学员的专业技能、问题解决能力、团队协作能力和交流能力。在高校众创空间中,通过有效的实施和管理,这种模式能够发挥出更大的作用。

(二)在线学习与实践相结合

在线学习与实践相结合是一种有效的学习模式,它利用在线教育资源,提供灵活多样的学习方式,同时结合线下实践,实现理论与实践的深度融合。在高校众创空间环境中,这种模式具有极高的效率和实用性。关于在线学习,它带来的好处是显而易见的。在线学习的灵活性、丰富性和便捷性,为学员提供了个性化的学习体验。利用网络课程、专业讲座、在线研讨会等资源,学员可以自我设定学习进度,根据自己的需求和兴趣选择相关课程。通过在线讨论和协作,学员可以和来自不同背景的人交流思想,扩展视野。然而,仅有在线学习还不够,真正的专业技能需要在实践中才能得到提升,这就体现出线下实践的重要性。高校众创空间作为一个创新和创业的实践平台,为学员提供了各种实践机会。学员可以参与到真实的创业项目中,也可以在创新实验室中进行技术试验和产品开发。

结合在线学习与线下实践,这种混合学习模式使理论知识和实践经验得到有效融合。学员在在线学习中获取知识,然后在线下实践中应用这些知识,通过实践反复检验和修改理论,使知识和技能水平得到提升。

实施这种模式也需要注意一些问题。例如,这种学习模式要开发高质量的在线教育资源,提供多样化的学习方式和内容;需要有效地组织

第六章 高校众创空间专业人才培养理论与实践

和安排线下实践活动，确保学员有足够的实践机会；还需要搭建一个有效的反馈机制，使学员能够及时了解自己的学习进度和效果。

总的来说，结合在线学习与线下实践的模式是一种高效的专业人才培养方式，它能够有效地融合理论知识和实践经验，提升学员的专业技能和创新能力。在高校众创空间中，通过精心的设计和有效的管理，这种模式能够发挥出巨大的潜力。

（三）创新实验室模式

创新实验室模式是高校众创空间的一种特色培养模式，重点在于通过新技术和新理念的实验和研究，培养具有创新思维和创新能力的人才。这个模式鼓励学员在实验室环境中探索未知，尝试新的想法和技术，以此锻炼学员的创新能力和解决复杂问题的能力。

创新实验室是一个提供实践机会的平台。学员在这里可以直接接触到最新的科技和商业趋势，通过实际操作和实验，更深入地理解相关知识。实验室环境也鼓励学员独立思考，挑战传统观念，勇于尝试新的方法和技术。

创新实验室是一个激发创新思维的场所。在这里，学员可以放飞自我，尽情地探索和实验。学员可以自由地提出新的想法，组织团队进行项目开发，不断尝试和改进，锻炼自己的创新能力。

创新实验室是一个培养团队合作精神的地方。在这里，学员需要和团队成员一起合作，共同面对挑战，解决问题。这不仅能够提升学员的团队协作能力，也能够锻炼和提高他们的领导能力和沟通能力。

创新实验室模式也面临一些挑战。例如，如何保证实验室的运行效率、如何建立有效的学习和反馈机制、如何激发和保持学员的学习热情，这些都是需要注意的问题。为了解决这些问题，高校众创空间可以通过设定明确的学习目标、提供丰富的学习资源、建立有效的评价机制，以及提供持续的学习和发展机会，来提升创新实验室模式的效果。

高校众创空间：创新力量的孵化器

总的来说，创新实验室模式是一种强调实践和创新的专业人才培养模式，它能够提升学员的实践技能、创新能力、团队协作能力和领导能力。在高校众创空间中，通过有效的实施和管理，这种模式也能够发挥出巨大的作用。

二、高校众创空间专业人才培养的新技术

随着创新和创业的持续发展，高校众创空间成了推动创新创业的重要平台。高校众创空间人才培养更是举足轻重，随着技术的快速发展和变革，传统的专业人才培养方式已经难以满足创新创业的需求。通过引入新技术，高校众创空间可以实现个性化、智能化和高效化的专业人才培养，提高创新创业者的素质和能力，促进他们在创新创业的道路上取得更好的成果。

（一）人工智能和机器学习

人工智能（AI）和机器学习（ML）在高校众创空间的专业人才培养中发挥了巨大作用，它们的应用范围极其广泛，不仅包括智能教育平台，还扩展到了实战模拟、评估反馈、学员跟踪等多个领域。

在智能教育平台方面，AI和ML的应用已经可以做到高度个性化的教学支持。系统可以通过算法，根据学员的学习行为和反馈，对学员的学习习惯、知识掌握程度和学习难点进行深入分析，然后根据这些信息，提供个性化的学习资源（如推荐适合的课程、生成定制的学习计划、提供针对性的学习建议等），从而帮助学员更有效地学习和提升。

在实战模拟方面，AI和ML多被用于一些需要模拟真实商业环境或科技问题的领域，这些场景的复杂性和不确定性为学员提供了丰富的学习和实践机会。例如，AI可以模拟市场环境、消费者行为和竞品策略，让学员在模拟的环境中制定策略，以此提升他们的决策能力和问题解决能力。

在评估反馈和学员跟踪方面，AI和ML也发挥了重要作用。它们可

第六章　高校众创空间专业人才培养理论与实践

以帮助导师和教育机构更好地了解学员的学习进度和效果，提供及时的反馈和指导。例如，通过分析学员的在线学习行为，系统可以及时发现学员的学习困难，提供及时的教学支持；通过对学员的考试和作业成绩进行分析，系统可以评估学员的知识掌握程度，提供有针对性的反馈和建议。

在这上述应用中，AI 和 ML 发挥作用的关键在于数据。通过收集和分析大量的学习数据，AI 和 ML 可以实现精细化的教学管理。因此，数据的质量和完整性成了影响这些技术效果的重要因素。为了更好地应用 AI 和 ML，高校众创空间需要建立有效的数据收集和处理机制，保证数据的真实性、完整性和安全性。

总的来说，人工智能和机器学习已经成为高校众创空间专业人才培养的重要工具，它们不仅可以提供个性化的教学支持，还可以提供丰富的实践机会，帮助学员更好地学习和提升。随着这些技术的进一步发展和应用，我们有理由相信，未来的高校众创空间将能够提供更加智能化、个性化和高效的学习体验。

（二）虚拟现实和增强现实

虚拟现实（VR）和增强现实（AR）技术在高校众创空间的专业人才培养中扮演了极其重要的角色，它们将学习者带入一个仿真环境中，使学习过程变得更为直观、互动性强，并且能够进行"实战"体验，从而提高了学习的效果。

在 VR 方面，学员可以使用头戴式设备，全身投入一个三维的仿真环境中。这个环境可以是一个现实场景的精确复制（如一个实验室、一个工厂或一个城市），也可以是一个完全想象出来的场景（如一个外星球或一个微观世界）。在这个环境中，学员可以像在现实世界一样进行各种操作，包括操控设备、操作软件、制定策略等。通过这种方式，学员可以在没有任何风险的情况下获得宝贵的实践经验，提升自己的实践技能和

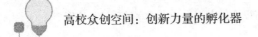

问题解决能力。

AR 则是在现实环境中添加虚拟元素,从而提供一种新的学习体验。例如,学员可以使用 AR 眼镜或智能手机,看到现实世界中没有的信息和元素,包括数据可视化、三维模型、动态图形等。通过这种方式,学员可以更直观地理解复杂的概念和过程,提升自己的理解力和记忆力。AR 还可以提供丰富的互动机会,学员可以与虚拟元素进行交互,参与到虚拟的合作或竞赛中,从而提升自己的参与度和学习积极性。

虽然 VR 和 AR 带来了许多好处,但也存在一些挑战。例如,如何设计和制作高质量的虚拟环境和元素、如何确保学习体验的连贯性和深度、如何防止过度依赖虚拟体验而忽视了现实学习,都是需要考虑的问题。为了解决这些问题,高校众创空间可以通过与专业的内容提供商合作,引入教育心理学和学习理论,建立有效的评价和反馈机制,提供足够的线下学习和实践机会,来提升 VR 和 AR 的学习效果。

总的来说,虚拟现实和增强现实技术为高校众创空间的专业人才培养带来了全新的机会和挑战。通过有效地利用这些技术,高校众创空间可以提供更加沉浸式、直观和互动的学习体验,从而提升学员的学习效果和满意度。高校众创空间也需要面对和解决这些技术带来的新问题,以实现真正有效和可持续的学习。

（三）在线协作工具

在线协作工具在高校众创空间的专业人才培养中发挥着重要的作用,不仅可以帮助学员和导师跨越地理限制进行有效的交流和协作,还可以提供丰富的功能（如实时共享文档、进行讨论、管理项目等）,从而提升团队协作的效率和效果。

在高校众创空间中,学员经常需要进行大量的协作工作,包括团队项目、研究讨论、创新实验等。在这些工作中,有效的协作不仅可以提高工作效率,还可以促进知识分享,提升团队的创新能力。在线协作工

第六章 高校众创空间专业人才培养理论与实践

具就是支持这些协作工作的重要工具。例如,Google Docs 等文档共享工具可以让团队成员在同一份文档上进行实时的编辑和评论,这样可以避免传统的邮件传送和版本冲突的问题,提高协作的效率,通过这种方式,团队成员可以更好地理解和参与到整个工作过程中,提高自己的参与感和学习效果;Slack 等通信工具则可以提供一个灵活的通信平台,团队成员可以在上面进行实时的讨论和信息分享,通过这种方式,他们可以更好地协调工作,解决问题,分享知识和经验。在线协作工具还提供了一些其他功能(如文件共享、任务管理、提醒功能等),可以帮助团队更好地管理和跟踪他们的工作。

在线协作工具的使用不仅可以提高团队协作的效率,还可以培养学员的协作和沟通能力,这些能力是他们在未来工作中必备的重要技能。通过使用这些工具,学员也可以学习和了解新的协作和管理理念,包括敏捷开发、项目管理等。

(四)大数据和数据分析

大数据和数据分析技术在高校众创空间的专业人才培养中扮演着两重角色:一方面,它们被用作优化教学和管理的工具;另一方面,它们也是学员培养的重要内容。

作为优化教学和管理的工具,大数据和数据分析技术可以帮助高校众创空间理解和优化学习过程。例如,高校众创空间可以通过收集和分析学习数据(如学习时长、进度、成绩、互动等),来理解学员的学习行为和需求,找出他们的学习难点和偏好,然后通过这些信息,优化教学方法和资源(如调整教学进度,提供个性化的学习建议和资源,改善学习环境等);也可以通过分析管理数据(如项目进度、资源使用、人员表现等),来优化管理方法和决策(如改进项目管理、提高资源效率、提升人员绩效等)。

作为学员培养的重要内容,使用大数据和数据分析技术是现代社会

高校众创空间：创新力量的孵化器

的重要技能，特别是在科技、商业等领域。高校众创空间可以提供相关的课程和项目，帮助学员学习和掌握这些技术，包括数据收集、数据处理、数据分析、数据可视化、数据解释等。这不仅可以提升学员的技能，还可以培养他们的决策能力，帮助他们更好地理解和应对现代社会的复杂问题。

（五）云计算和物联网

云计算和物联网（IoT）在高校众创空间专业人才培养中发挥着极其重要的作用。这两种技术的出现，为高校众创空间创造了新的可能性，并将人才培养模式推向了一个新的阶段。

云计算的出现使学员能够通过网络接入强大的计算资源。在很多情况下，这意味着学员可以远程访问和操作高性能的硬件设备，执行如数据处理和模型训练这样的复杂任务，而无须在本地拥有昂贵的硬件设备。云计算还为学员提供了海量的存储空间，使他们能够存储和分析大量的数据，这在许多研究和创新项目中是必不可少的。

物联网就是将各种物理设备（如传感器、电动机、摄像头等）通过网络连接起来的技术，为学员提供了新的实验和创新的平台。通过物联网设备，学员可以收集和分析实时数据，进行各种实验和研究。例如，学员可以使用物联网设备收集环境数据，进行气候变化的研究；也可以利用物联网设备控制和监测机器，进行自动化和机器人技术的研究。

在这两种技术的支持下，高校众创空间的学员可以实施更加复杂和大规模的项目。学员不仅可以学习和掌握这些前沿技术，还可以通过实际操作和实验，提升自己的问题解决能力和创新能力。这些技术也为高校众创空间提供了新的管理和教学工具。例如，通过云计算和物联网，教师和导师可以远程监控和指导学员的学习和项目，提升教学的效率和效果。

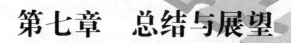

第七章 总结与展望

第一节 总 结

一、我国高校众创空间发展成就颇多

我国高校众创空间在推动创新创业发展方面取得了令人瞩目的成就。高校众创空间为学生和教师提供了一个创新创业的平台,激发了创新创业的热情,并为他们提供了必要的支持和资源。这种发展模式的成功不仅在于创业项目的孵化,更在于创新创业教育的推广、资源共享与合作,以及产学研结合的推动。

(一) 培养了大量的创新人才

在我国的高校众创空间中,实践教学和项目导向的学习方式,造就了大量的创新人才,这种教育模式对我国的科技创新和社会发展有着深远影响。

高校众创空间强调实践教学,使学生不再只是理论学习的接受者,更是实践操作的参与者。学生通过参与项目,以解决实际问题的方式来学

习和提升自己的专业技能。这种教学方式让学生能更好地理解和吸收理论知识,对实际问题的解决也提升了他们的动手能力和应用能力。在这个过程中,学生有机会接触到真实的工作环境和任务,可以深入了解各类工作流程和操作规范,从而提前熟悉职场环境,增强就业竞争力。实践教学也促进了学生的团队协作能力和沟通能力的提升,使他们在面对实际问题时,不仅能独立解决问题,也能有效地协同团队工作,共同达成目标。

项目导向的学习方式强化了学生的创新思维和实践能力。通过参与不同的项目,学生能够实际运用所学的理论知识,深入理解并解决具体问题,并在实践中发现新的问题,提出创新的解决方案,激发和发展自己的创新思维。项目导向的学习方式让学生在解决问题的过程中,有机会接触到最新的技术和理念,提前了解和掌握行业前沿的知识,从而更好地适应和引领未来的发展。学生也能在项目实施中,体验到创新的乐趣和满足感,激发自己持续学习和创新的动力。

这样的教育模式为我国培养出了大量具备创新思维和实践能力的人才,他们不仅为各自的专业领域注入了新的活力和创新,也为我国的科技创新和社会发展做出了重要贡献。

(二)领域覆盖愈发广泛

我国高校众创空间的覆盖领域日渐广泛,包含了信息技术、生命科学、材料科学等各类学科专业。这不仅满足了不同专业学生的实践需要,也推动了跨学科的创新合作,充分体现了学科交叉与融合的魅力。

信息技术是当今社会发展的重要驱动力。我国高校众创空间提供了丰富的硬件设施和软件平台,让学生可以亲自动手,探索编程、网络、人工智能、数据分析等多个子领域。学生在实践中,不仅可以提升自身技能,也可以将信息技术应用到各个领域,推动信息化进程。

生命科学是一门涉及生命现象和生命规律的学科。在高校众创空间中,学生可以接触到生物技术、生物工程、生物医药等多个子领域,通

第七章 总结与展望

过实验和研究,理解生命科学的基本原理,探索生命科学的最新成果和应用。这不仅可以满足学生的实践需求,也可以激发他们对生命科学的热爱和探索欲望。

材料科学是一门研究物质的性质、结构和性能的学科。在高校众创空间中,学生可以实际操作,感受材料科学的魅力,他们可以设计和合成新型材料,测试和分析材料的性能,甚至可以尝试将新型材料应用到实际的工程项目中。这不仅提升了学生的实践技能,也增强了他们对材料科学的理解和应用。

专业领域的交叉和融合,推动了跨学科的创新合作。例如,信息技术和生命科学的结合,可以推动生物信息学的发展;信息技术和材料科学的结合,可以推动智能材料的研发。这种跨学科的创新合作,让学生可以多角度和多层次地理解和解决问题,也让他们有机会发现和创造更多的科技和社会价值。

(三)运用技术愈发先进

我国高校众创空间积极采用和引进前沿的科技(如人工智能、云计算、大数据、虚拟现实等),用于提升教学效果和管理效率,为学生提供最新的学习资源和实践平台。

人工智能在高校众创空间中的应用,无论是在教学方式上,还是在管理层面,都显示出巨大的优势。在教学过程中,人工智能可以提供个性化的学习建议,帮助学生找到适合自己的学习路径,提高学习效率。人工智能还可以用于模拟真实的科技或商业问题,给学生提供更加生动、直观的实践经验。在管理层面,人工智能可以提高管理效率,通过数据分析,了解学生的学习行为和需求,以便进行更有效的资源调配和教学安排。

云计算是高校众创空间中不可或缺的技术。通过云计算,学生可以访问到海量的学习资源,进行在线协作,不受地点和时间的限制。云计算还提供了强大的计算能力,支持学生进行复杂的数据分析和模型训练,开展大规模的科研项目。

大数据技术在高校众创空间中发挥着重要作用。通过收集和分析学生的学习数据，高校众创空间可以了解学生的学习进度和难点，及时提供帮助，提高教学质量。大数据技术也是一项重要的学习内容，学生通过学习和实践，可以掌握大数据的分析方法和工具，培养数据驱动的决策能力。

虚拟现实技术为学生提供了沉浸式的学习体验。学生可以通过VR设备在虚拟环境中模拟真实的项目操作，从而获得更加直观、生动的理解。虚拟现实技术也可以让学生参与到更加复杂、高级的项目（如模拟飞行、虚拟手术等）中，这样的体验对于提高学生的专业技能和创新思维能力非常有帮助。

（四）产出了大量优秀项目

我国高校众创空间的学生在实践中完成了大量优秀的创新项目，其中不少项目在国内外获得了广泛的认可和奖励。这些项目涵盖了信息技术、生命科学、材料科学、能源环保等多个领域，显示了我国高校学生的创新精神和实践能力。这些项目往往带有很强的实用性和广阔的市场前景，为社会的科技发展和经济建设做出了重要贡献。例如，有些项目开发出了新型的软件和硬件产品（如智能机器人、人工智能系统、物联网设备等），这些产品往往拥有先进的技术和独特的创新点，可以大大提高工作效率，提升生活质量，也带来了新的商业机会；有些项目则从事科学研究和技术开发（如生物技术研究、新能源开发、环保技术创新等），这些研究成果不仅可以推动科学的发展，解决社会的重要问题，也为学生提供了丰富的实践经验和深层的专业知识；有些项目甚至成功地发展成了企业或产品，实现了科技成果的市场化（如有的学生团队基于自己的创新项目，创立了新的科技公司，开发出了成功的产品或服务，带动了相关行业的发展）。

第七章 总结与展望

这些项目在国内外的各种科技竞赛和展览中,也收获了大量的奖项和荣誉,展示了我国高校学生的扎实技能和出色创新能力。例如,有的项目在国际科技创新大赛中获得了金奖,有的项目在国内的创新创业比赛中获得了优胜。

可见,我国高校众创空间产出的优秀项目不仅证明了教学模式的有效性,也彰显了我国高校学生的创新潜力和实践实力,对于提升我国的科技实力和创新竞争力,发挥了重要作用。

(五)实现了高校众创空间与社会产业的紧密结合

我国高校众创空间注重与社会产业的结合,通过合作项目、实习实践、产学研结合等方式,将教学和实践与社会需求和产业发展紧密结合,增强了教育的实用性和时效性。这种模式不仅提供了富有实践意义的学习机会,也使学生的学习更加符合社会和市场的需求,提升了他们的就业竞争力。

高校众创空间经常与企业或社会组织进行合作,共同开展实践项目。这些项目往往源自真实的社会问题或商业需求,有的甚至可以直接转化为产品或服务。通过参与这些项目,学生可以在实践中掌握专业知识,提升技能,锻炼自己的团队合作和问题解决能力。这种合作也可以帮助高校众创空间获取更多的资源和支持,增强其教育和服务能力。

高校众创空间鼓励学生通过实习实践,直接参与社会产业的工作。例如,学生可以在企业中实习,参与产品开发、市场营销、管理决策等工作,获得一线的工作经验;学生也可以参与社会公益项目,为社区提供服务,解决社会问题。这些实践机会不仅可以让学生了解社会和产业的实际情况,也有助于他们建立职业规划和价值观。

高校众创空间也大力推动产学研结合,通过与科研机构、企业的紧密合作,了解最新的科技研究和产业动态,使教育内容和教学方法保持时效性和前沿性。例如,高校众创空间可以邀请企业专家举办讲座或指导,介绍行业最新动态和技术趋势;可以开展科研项目,将最新的科学研究成果引入教学和实践;也可以和企业共同开设培训课程,以满足产业对人才的特定需求。

总的来说,我国高校众创空间通过多种方式实现了与社会产业的紧密结合,为学生提供了丰富的实践机会,增强了教育的针对性和实效性,对于培养新时代的创新人才,发挥了重要作用。

二、我国高校众创空间发展潜能大

由于我国创新创业环境的不断优化和政策的支持,高校众创空间逐渐成为培养创新创业人才、促进科技成果转化的重要引擎。我国高校众创空间作为推动创新创业的重要平台,具备很大的发展潜能。

(一)资源丰富

高校作为科技创新的重要基地,拥有丰富的资源,包括师资资源、科研资源、学术资源和企业合作资源,如图7-1所示。这些资源为高校众创空间的发展提供了强大的支持,也为学生提供了宝贵的学习和实践机会。

图7-1 我国高校众创空间发展资源丰富

1. 师资资源

高校具有高水平的教师团队，这些教师在各自的领域有着深厚的研究背景和丰富的教学经验，不仅教授学生理论知识，更能通过实际的项目经验和实验操作，帮助学生将理论转化为实践，提高学生解决实际问题的能力。一些高校教师还具有丰富的企业经验和强大的行业网络，可以帮助学生更好地了解行业需求，增加学生的实践机会，为高校众创空间提供丰富的教育资源。

2. 科研资源

高校通常拥有先进的科研设施和实验室，这为学生提供了进行创新实践的空间和条件。在这些设施的支持下，学生可以进行各种实验，验证他们的想法，开发出新的产品和技术。这不仅能够提高学生的实践能力，也能够创造出具有商业价值的创新成果。

3. 学术资源

高校会定期举办各种学术活动（如学术讲座、研讨会、科技竞赛等），这些活动为学生提供了学习新知识、交流思想、展示自我的平台。这些活动也能吸引来自不同领域的专家、教授、企业家等，通过与他们的交流，学生可以获取新的观点和思路，拓宽视野，增强创新意识。

4. 企业合作资源

许多高校与企业有着密切的合作关系，企业常常会提供实习机会、项目资金、技术支持等资源，这为高校众创空间的发展提供了广阔的空间。在企业的支持下，学生可以更加深入地了解市场需求，增加自己的实践经验，提升自己的就业竞争力。

（二）政策支持

我国政府高度重视创新创业教育，在这种高度重视的环境下，未来高校众创空间可以获得更大力度的支持。

1.资金支持

在资金支持方面,政府未来可以为高校众创空间提供更多的财政资助。这些资助主要通过各级科技计划项目、创新创业基金等形式,为高校众创空间的基础设施建设、技术研发、项目孵化等活动提供经费支持。政府还可推出各种税收优惠政策,减轻高校众创空间的经营负担,为高校众创空间的可持续发展提供保障。

2.法规政策

我国政府制定了一系列法规政策,以推动高校众创空间的建设和发展。例如,政府制定了关于加强高校众创空间建设的指导意见,明确了高校众创空间的定位、功能、运营机制等基本问题,为高校众创空间的运行提供了清晰的指引。政府还对创新创业教育进行了专门的规划和指导,提升了教育质量和效果。未来政府将在这种前提下,为高校众创空间的建设和创新提供更多切实的服务。

3.公共服务

政府提供了一系列公共服务(如信息咨询、技术交流、项目推广、人才培养等),支持高校众创空间的运行。政府还通过打造创新创业服务平台,为高校众创空间提供了便利的服务和大力的支持,提升了高校众创空间的竞争力和影响力。

第二节 展　　望

一、深度融合教学科研与创新创业

高校众创空间未来将更加深度地融合教学科研与创新创业,这将是其主要的发展方向之一。高校作为知识和创新的源泉,拥有丰富的教育资源和雄厚的科研实力,而高校众创空间作为连接校内外资源、融合教学科研与创新创业的平台,将发挥更大的作用。

第七章 总结与展望

高校众创空间将是教学的重要场所。高校众创空间将更加贴近课堂、融入课堂，成为学生学习新知识、掌握新技能、理解新理念的重要场所。高校教师也可以利用高校众创空间举办各种教学活动（如翻转课堂、工作坊、研讨会等），帮助学生将理论联系到实际，提高教学效果。通过参与在高校众创空间开展的项目学习、实践活动等，学生可以将在课堂上学到的知识应用到实践中，从而更好地掌握知识，提高学习效果。

高校众创空间将是科研的重要平台。高校拥有丰富的科研资源，高校众创空间将成为学生、教师、科研人员共同进行科研活动的场所。通过参与在高校众创空间开展的科研项目，学生可以深入参与到科学研究中，锻炼自己的科研能力，提升自己的科研素养。高校众创空间还可以与各类科研机构、企业进行合作，开展联合研究，推动科研成果的产业化，增加科研活动的社会影响力。

高校众创空间将是创新创业的重要舞台。高校众创空间将更加重视创新创业教育，鼓励学生开展创新创业活动。通过参与在高校众创空间开展的创新创业比赛、训练营、研讨会等活动，学生可以锻炼自己的创新思维，提升自己的创业能力，培养自己的创业精神。高校众创空间还可以提供各种创新创业服务（如创业咨询、创业培训、创业融资等），帮助学生实现创业梦想，促进创新创业氛围的形成。

综上所述，高校众创空间将是教学、科研、创新创业的重要场所，将更加深度地融合教学科研与创新创业。这将为高校培养出更多具有创新能力和创业精神的人才，也将为社会的发展提供更多的创新动力和创业活力。要实现这一目标，我们需要加强对高校众创空间的投入，完善其运行机制，提升其服务质量，提高其影响力，以满足教学、科研、创新创业的需求。

二、加强跨学科交叉和协作

在未来的发展中，加强跨学科交叉和协作将会成为高校众创空间的

高校众创空间：创新力量的孵化器

重要目标。因为科技的发展日新月异，科技创新的复杂性和跨界性日益突出，需要多学科的知识和技能的综合应用和深度整合。高校众创空间凭借其开放性、协作性和创新性，成为推动跨学科交叉和协作的理想平台。

高校众创空间能够集结来自不同专业、不同背景的学生，搭建一个交流合作的平台。在这个平台上，学生可以互相学习，互相借鉴，激发出新的思维火花，产生新的创新想法。例如，计算机科学与艺术设计的交叉可能孕育出创新的界面设计；生物科学与信息科技的交叉可能产生新型的生物信息处理方法。这样的交叉和融合，将有助于提升创新的质量和数量，培育出更多的创新成果。

高校众创空间能够鼓励并促进学生进行跨学科的项目合作。通过组织各种跨学科的比赛、活动等，高校众创空间可以激励学生合力攻克一些跨学科的复杂问题。例如，高校众创空间通过组织"创新马拉松"等活动，让学生在限定的时间内，结合各自的专业知识，共同解决一个实际问题。这样的活动不仅可以提升学生的团队协作能力，也可以提升他们的创新能力和实践能力。

高校众创空间还能够构建一种跨学科的学习环境。在这种环境中，学生可以接触到其他专业的知识，通过学习和研究其他专业的知识，学生的视野将会更加开阔，思维方式将会更加多元，从而能够在创新中找到更多的可能性。高校众创空间也可以引进来自各个领域的优秀导师，为学生提供跨学科的学习和研究指导。

可以预见的是，加强跨学科交叉和协作将会是未来高校众创空间的一个重要发展方向。高校众创空间通过集结多学科的学生，鼓励他们进行交流合作，可以实现创业教育事业的蓬勃发展。

三、建立更密切的产学研合作关系

未来的高校众创空间将在深化与各行业企业、科研机构的合作关系

第七章 总结与展望

上做出更多的努力，从而建立更密切的产学研合作关系。这种密切的合作关系能够有效地促进科技成果的转化和推广，将创新的思想和成果更快更好地转化为实际的产品和服务，从而满足社会和市场的需求，提升高校众创空间的社会服务能力和社会影响力。

高校众创空间将主动出击，寻找与各行业企业的合作机会。企业是科技成果转化和应用的主要场所，拥有丰富的实践经验和实际需求。高校众创空间可以与企业共同开发教学内容和项目，以满足企业的实际需求。例如，高校众创空间可以与企业合作，为学生提供实习实践的机会，让学生在真实的工作环境中了解和学习专业知识，提升实践能力。企业也可以向高校众创空间提供项目支持，参与到学生的创新实践中，提供技术指导和市场分析。

高校众创空间也将加强与科研机构的合作。科研机构是科技创新的重要基地，拥有前沿的科技知识和强大的科研能力。高校众创空间可以与科研机构共享资源和研究成果，提高科研的水平。例如，科研机构可以向高校众创空间提供最新的科研成果和科研设备，帮助学生开展科技项目；高校众创空间也可以将学生的创新成果反馈给科研机构，促进科研活动的开展。

高校众创空间还需要协同其他企业共同构建更加开放的合作模式，吸引更多的合作伙伴。例如，高校众创空间可以组织各种公开的科技活动（如创新大赛、科技论坛等），邀请企业和科研机构参与，增加其在社会上的影响力；也可以通过网络和媒体，宣传和分享高校众创空间的教学理念、学习氛围、创新成果等，吸引更多的人关注和参与高校众创空间的活动。

四、利用大数据和人工智能提升服务质量

随着大数据和人工智能技术的迅速发展和广泛应用，高校众创空间在未来将有机会借助这些先进的技术手段来提升服务质量，提高工作效

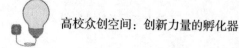

率，优化管理机制，实现精准教育，推动科研创新。

大数据和人工智能技术将有助于高校众创空间更精准地了解和满足学生的需求。高校众创空间可以通过收集和分析大量的学生数据（如学生的学习历程、项目参与情况、技能偏好等），来了解每一个学生的兴趣、需求和优势。基于这些数据，高校众创空间可以为每一个学生提供更加个性化的学习资源和项目机会，以提高学生的学习效果和满意度。高校众创空间也可以通过数据分析，及时发现和解决学生的问题，提高服务质量和效率。

大数据和人工智能技术将有助于提升高校众创空间的管理效率。例如，高校众创空间可以利用人工智能技术进行自动化管理（如自动预约系统、智能问答机器人等），减少人工工作量，提高工作效率。通过大数据分析，高校众创空间可以对教学活动、项目实施等进行全面的评估和优化，以提高教学和服务的效果。

大数据和人工智能技术还将为高校众创空间的科研创新提供强大的支持。学生可以利用大数据分析和人工智能技术进行科研项目，探索新的科技问题和解决方案。这不仅能够培养和提高学生的创新能力和科研能力，也能够推动高校众创空间形成更多的科技成果和创新产品。

总的来说，大数据和人工智能技术将为高校众创空间的服务提升、管理优化、科研创新提供重要的支持，有助于高校众创空间更好地服务于学生，服务于社会，推动科技创新和人才培养。这也是高校众创空间未来发展的重要趋势和方向。

参考文献

[1] 王东亮，刘志欣. 众创空间与大学生创业研究 [M]. 北京：北京工业大学出版社，2021.

[2] 张伟良，刘长虹，胡品平. 众创空间广东模式 [M]. 北京：光明日报出版社，2017.

[3] 耿合江. 高校众创空间创业服务生态系统研究 [M]. 北京：科学技术文献出版社，2018.

[4] 安永钢. 分享经济时代的云孵化：众创空间大众孵化体系的管理运营模式 [M]. 杭州：浙江人民出版社，2016.

[5] 陆桂军. 众创空间：理论、实践与案例——广西众创空间怎么走？[M]. 南宁：广西科学技术出版社，2016.

[6] 刘泰然. 众创空间的服务体系 [M]. 长春：吉林大学出版社，2020.

[7] 李倜. 大学生众创空间环境设计研究 [M]. 广州：华南理工大学出版社，2022.

[8] 郑育家. 高校众创空间的模式、问题及治理机制研究 [M]. 北京：经济管理出版社，2022.

[9] 姜宝林，王岩. 内蒙古众创空间发展研究报告 [M]. 呼和浩特：内蒙古大学出版社，2020.

[10] 梁朋, 郭玲, 冯志, 等. 高校"课赛一体"创新创业育人模式——以沈阳工业大学经济学院为例[J]. 辽宁工程技术大学学报（社会科学版）, 2023, 25（2）: 155-160.

[11] 谭海刚, 李静, 陈勇, 等. 基于创新创业教育的食品微生物学实验教学改革和实践[J]. 食品工程, 2023（1）: 3-5.

[12] 杜念宇, 赵建. 数字金融能促进创新创业吗？——来自280个地级市的证据[J]. 新金融, 2023（3）: 50-56.

[13] 白琼. 新文科背景下高校广告学专业创新创业教育体系构建[J]. 美术教育研究, 2023（6）: 80-82.

[14] 刘志新, 韩小汀, 白雪. 工科优势高校新文科"四融合"创新创业教育体系构建——北京航空航天大学文科群双创教育的实践[J]. 山西高等学校社会科学学报, 2023, 35（3）: 52-58.

[15] 段琳琳, 廖珂. "互联网+"时代高职院校创新创业教育人才培养模式研究[J]. 中国现代教育装备, 2023（5）: 167-168, 172.

[16] 李戈, 孙颖. 我国高校创新创业教育变迁的轨迹探究[J]. 中国大学生就业, 2023（3）: 105-112.

[17] 郭丽萍, 唐娟, 耿欣, 等. 创新创业教育背景下"食品营养学"课程教学改革与实践[J]. 食品工业, 2023, 44（3）: 261-263.

[18] 肖志芳. 楚怡精神视域下高职劳动教育与创新创业教育融合育人现状与实践困境研究[J]. 现代农机, 2023（2）: 105-107.

[19] 单玲. 创新创业措施贯彻落实审计现状与成效——基于2015—2021年审计结果公告及审计报告[J]. 大陆桥视野, 2023（3）: 41-42, 45.

[20] 李海东. 融合与创新: 高校创新创业课程体系构建研究[J]. 中国大学教学, 2023（3）: 42-51.

[21] 耿庆利. 基于创新创业视域下高职电子商务专业人才培养模式探究[J]. 商业经济, 2023（4）: 187-189.

[22] 许彦伟，韩竹，崔丽丽.基于 STEAM 视角的高校创新创业教育实施路径研究——以宁波职业技术学院为例 [J].宁波职业技术学院学报，2023，27（2）：1-6，50.

[23] 朱新鹏，杨湘涛，王健，等.乡村振兴视域下涉农专业创新创业能力的培养路径 [J].黑龙江农业科学，2023（3）：93-97.

[24] 王飞，姜福顺.医学院校创新创业教育与校园文化共建的策略研究 [J].吉林医药学院学报，2023，44（2）：111-112.

[25] 王凯强，冯旭芳，王苗.人力资本视角下高职院校创新创业教育路径探索 [J].宁波职业技术学院学报，2023，27（2）：7-14.

[26] 安益强.创新创业档案助力创新创业教育的内在机理与实现路径研究 [J].卫生职业教育，2023，41（6）：31-33.

[27] 李晓红，王珂.创新创业教育融入城市轨道交通机电技术专业人才培养研究 [J].现代商贸工业，2023，44（8）：258-259.

[28] 李迪，霍楷.疫情常态化背景下艺术类专业创新创业教育生态构建研究 [J].西部皮革，2023，45（5）：46-50.

[29] 李丹阳，师文婷.科学家精神融入高校创新创业教育的策略研究 [J].经济师，2023（3）：164-165.

[30] 张明丽，丁月华.基于大数据画像的个性化创新创业教育模式 [J].高等工程教育研究，2023（2）：183-189.

[31] 蒋璐.产教融合视角下提高大学生创新创业能力的路径 [J].产业创新研究，2023（4）：184-186.

[32] 陈颖.基于"互联网+"的大学生创新创业能力提升策略 [J].产业创新研究，2023（4）：196-198.

[33] 包佳琨.基于工匠精神探究大学生创新创业能力培育中传统文化的渗透 [J].国际公关，2023（4）：152-154.

[34] 邓陶然."新文科"背景下经管类学生实践与创新创业能力探究 [J].对外经贸，2023（2）：117-119.

[35] 孙蕾. 00后大学生创新创业理念现状与影响因素[J]. 四川劳动保障，2023（2）：38.

[36] 黄玉."互联网+"背景下大学生创新创业现状及路径优化[J]. 四川劳动保障，2023（2）：39.

[37] 郭朝红，曹景龙. 高职院校系统推进创新创业教育个案研究[J]. 湖北开放职业学院学报，2023，36（4）：3-6.

[38] 万瑞. 协同理论视域下创新创业教育与思想政治教育融合教学研究[J]. 普洱学院学报，2023，39（1）：115-117.

[39] 龙荣霞，朱金山，胡廷英. 重庆市高校生态环保专业学生创新创业教育现状调查分析[J]. 四川环境，2023，42（1）：171-175.

[40] 王伟，左清富，黄书童. 应用型本科院校创新创业平台建设探讨[J]. 西部素质教育，2023，9（4）：78-81.

[41] 徐天姿，祁丽，田凤雪. 高校创新创业教育问题及对策研究[J]. 金融理论与教学，2023（1）：110-114.

[42] 连希. 闽台科技融合发展助推台企台青创新创业研究[J]. 科技创业月刊，2023，36（2）：57-60.

[43] 吕雯. 关于高职创新创业教育赋能乡村振兴的思考——评《高职创新创业教育五育体系研究与实践》[J]. 中国高校科技，2023（Z1）：132.

[44] 蒋飞，姜柳. 乡村振兴战略下高校创新创业教育改革研究[J]. 北京教育（德育），2023（2）：45-50.

[45] 唐文浩，尤薇佳，薛永基. 农林院校创新创业教育研究现状及其启示[J]. 创新与创业教育，2023，14（1）：127-135.

[46] 姜华斌，任修霞. 高职创新创业教育的现状及其改进建议[J]. 创新与创业教育，2023，14（1）：136-142.

[47] 邓方云，刘涓. SWOT理论下高校图书馆创新创业服务体系研究[J]. 创新创业理论研究与实践，2023，6（4）：1-5.

[48] 彭贺明. 红色文化融入高职院校创新创业教育: 逻辑分析与理论框架 [J]. 创新与创业教育, 2023, 14 (1) : 171-178.

[49] 王黛碧, 王艳梅. 高职院校创新创业课程体系构建研究 [J]. 创新创业理论研究与实践, 2023, 6 (4) : 85-87, 105.

[50] 李南南, 王储, 崔文韬. 黑龙江省众创空间创新方法推广模式研究 [J]. 河南科技, 2023, 42 (8) : 150-154.

[51] 汤若鋆, 汪彩君, 邬伟娥, 等. 数字普惠金融对众创空间发展的影响研究 [J]. 上海管理科学, 2023, 45 (2) : 39-44.

[52] 赵观兵, 李文欣. 众创空间参与新创企业供应链协同治理路径研究——基于 31 个省域的 fsQCA 分析 [J]. 科技与经济, 2023, 36 (2) : 31-35.

[53] 李晔, 王姝雯, 陈笑芬, 等. 江苏省众创空间发展研究 [J]. 中国市场, 2023 (10) : 36-38.

[54] 李鑫, 陈银娥. 中国众创空间科技创新效率的区域差异及空间分布 [J]. 财经理论与实践, 2023, 44 (2) : 88-95.

[55] 陈超逸, 孙志良. 区域协同视阈下高校众创空间联盟的构建——以天津市高校众创空间联盟为例 [J]. 中国大学生就业, 2023 (3) : 98-104.

[56] 赵观兵, 曾峻. 考虑政府行为的众创空间与新创企业价值链协同演化研究 [J]. 科技与管理, 2023, 25 (2) : 1-10.

[57] 蔡猷花, 李君雨, 陈国宏. 创新生态系统环境支持对众创空间知识创造绩效的影响 [J]. 华南理工大学学报 (社会科学版), 2023, 25 (2) : 70-79.

[58] 张晓春, 汪珊珊, 姜昊林. 江西省"互联网+"众创空间发展模式研究 [J]. 河南科技, 2023, 42 (5) : 143-148.

[59] 胡慧航. 高职院校众创空间运营困境与建设路径探讨 [J]. 商讯, 2023 (5) : 115-118.

[60] 朱韵涵, 张亦凡. 城市空间结构对众创空间分布的影响研究——以杭州市为例 [J]. 上海城市规划, 2023 (1) : 101-106.

[61] 石仪臻，乔雯，吴浩楠. 众创空间运营模式创新与经验借鉴——以A众创空间为例[J]. 对外经贸，2023（2）：59-61.

[62] 王书生. 高校众创空间发展现状及对策研究——以合肥工业大学为例[J]. 科技创业月刊，2023，36（2）：42-46.

[63] 范丽繁，张益铭，莫李丹. 基于三阶段DEA模型的众创空间运行效率评价：以广州市众创空间为例[J]. 科技创业月刊，2023，36（2）：31-36.

[64] 王如意，兰卫红，韩冰，等. 双创教育升级背景下高校众创空间数字化转型"蝴蝶"模式——以武汉理工大学大学生创新创业梦工场为例[J]. 创新与创业教育，2023，14（1）：88-96.

[65] 狄思绮，丁炜. 基于行为引导的众创空间室内设计研究[J]. 中国建筑装饰装修，2023（4）：143-145.

[66] 杨越. 椒江：省级众创空间建设再创佳绩[J]. 今日科技，2023（2）：54.

[67] 唐显宏，程宝飞. 高校众创空间"再"改造设计策略探析[J]. 艺术与设计（理论），2023，2（2）：52-54.

[68] 郑小碧，王倩文，季垚. 众创空间如何促进共同富裕？——分工网络演进的超边际一般均衡分析[J]. 研究与发展管理，2023，35（1）：27-40.

[69] 赵素菊，王志，孟维涛. 旧建筑改造视域下众创空间设计研究[J]. 工程抗震与加固改造，2023，45（1）：184.